PICTURE OF A VOICE

ARMIN T. WEGNER

BILDNIS EINER STIMME

Picture of a voice

صورة صوت

צלם של הקול

Rittura di una voce

ՄԻ ՁԱՅՆԻ ՊԱՏԿԵՐ

Görünen Ses

Ein Hörbuch zu Armin T. Wegner, mit internationalen Vertonungen

Herausgegeben von Ulrich Klan
im Auftrag der Armin T. Wegner-Gesellschaft e. V.

Begleitbuch

WALLSTEIN VERLAG

»Music is subversive.« (Daniel Barenboim)

In memoriam Dr. Johannes Rau
(† 27.1.2006), Schirmherr des Projekts.

Bundespräsident Johannes Rau, Wuppertals Oberbürgermeister Hans Kremendahl und Ulrich Klan am 8.12.2003.

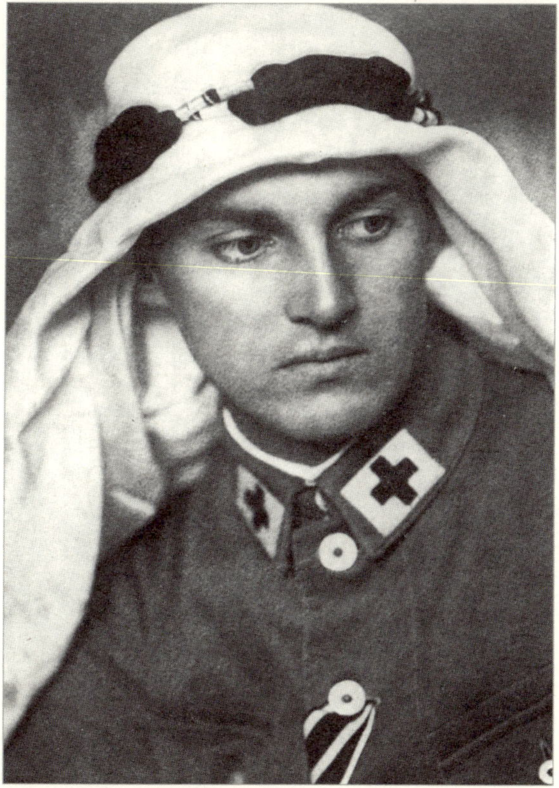

CD 1

1.1 Bildnis einer Stimme. Collage, mehrsprachig. (2:29)
1.2 Aufbruch. Musik: Elmar Nettekoven. (4:26)
1.3 Ich gehe durch Jerusalem. Musik: Dr. Hassan Mokhlis. (6:05)
1.4 … was Du unter Gott verstehst. Originalton Armin T. Wegner. (1:02)
1.5 Der Riese Landschaft. Musik: George Dreyfus. (5:42)
1.6 Die Gurgel der Welt. (5:16)
1.7 Ava. (1:08)
1.8 Die Beiden. (2.13)
1.9 Ich habe das Seil meiner Seele. Musik: Elmar Nettekoven. (3:32)
1.10 Alte Plätze. Musik: Ulrich Klan. (2:00)
1.11 Den Eseln Stambuls. Musik: Trad. osmanisch. (4:17)
1.12 Der Sturm auf das Frauenbad. (6:39)
1.13 Störche über dem Bosporus. Musik: Armine Ghuloyan. (3:19)
1.14 »… in der wüste …«. Dreigesang ohne Worte.
Musik: Ulrich Klan. (6:32)
1.15 Ein Vermächtnis in der Wüste. (4:37)
1.16 Die Austreibung der Menschheit. Musik: David Haladjian. (13:54)

Spieldauer der 1. CD: 73:49 Minuten.

CD 2

2.1 Der Ruf. Musik: Charli Rothman. (3:42)
2.2 Der Ankläger. Menschenrecht. (3:03)
2.3 Der Ankläger. Tod der Presse. (2:40)
2.4 Das Warenhaus. Musik / Rap: Muyisa Mbasa. (3:53)
2.5 Der Ankläger. Dich meine ich. (2:20)
2.6 Der Ankläger. Dich meine ich. (7:45)
Musik: Andreas J. Leep, Christian Stritzel, Martin Stürtzer
2.7 Wasif und Akif. Figuren, Ouverture. (3:55)
2.8 Wasif und Akif. 1. Szene. (4.01)
2.9 Wasif und Akif. Nachtszene. Musik: Ulrich Klan. (5:50)
2.10 Die Kirchen. Musik: Elmar Nettekoven. (4:29)
2.11 Wolken. Musik: Konrad Hupfer. (5:30)
2.12 Brief an Hitler. (6:53)
2.13 Das Lied aus der blutigen Stadt Berlin, 1964. (6:49)
2.14 Alter Mann auf der Feuerinsel. Musik: Nicolao Valiensi. (1:58)
2.15 Bildnis einer Stimme. Chanson. Musik: Stefanie Sylla. (3:25)
2.16 Die gestohlene Stimme. I. (2:34)
2.17 Die gestohlene Stimme. II. Originalton Armin T. Wegner. (1:06)
2.18 Die gestohlene Stimme. III. (1:41)
2.19 Die gestohlene Stimme. IV. Originalton Armin T. Wegner. (0:55)

Spieldauer der 2. CD: 73:01 Minuten.

ARMIN T. WEGNER HÖREN

Eine lange zum Schweigen verurteilte Stimme wird hörbar. In Lesung, Hörspiel, internationalen Vertonungen in Weltmusik, Chanson oder Rap, Neuer Musik oder Klangperformance und auch in Originalaufnahmen des vergessenen und verdrängten Exil-Dichters und Reiseschriftstellers Armin T. Wegner (1886-1978).

Er selbst nannte die Stimme den »Muskel der Seele«. Die internationale Armin T. Wegner-Gesellschaft e. V. ist seiner Stimme nachgegangen. Ihrer Ausschreibung für das Hör-, Musik- und Verständigungsprojekt unter Armin T. Wegners Titel *Picture of a voice / Bildnis einer Stimme / Görünen Ses* folgten seit 2003 deutsche, türkische, kurdische, armenische, jüdische und israelische, arabische, italienische und afrikanische Musiker, Schauspieler, Künstler, Übersetzer und TechnikerInnen. Nach fast fünf Jahren Vertonungen, (Ur-)Aufführungen, Aufnahmen, Lesungen, Vorträgen, Workshops und Ausstellungen wird dieses Hörbuch vorgelegt. Die Auswahl, die an den Schwerpunkten im Werk des Dichters orientiert ist, ist zugleich ein nachhaltiges Dokument interkultureller Begegnung mit Armin T. Wegner in der Gegenwart.

Eine klingende Reise, fast so ungewöhnlich und so vielfältig wie der Dichter selbst, um den sich die hier ausgewählten Beiträge versammeln. Erstübersetzungen von Texten Armin T. Wegners ins Türkische, Armenische, Hebräische, Arabische, Englische, Französische und Italienische tragen dem internationalen Charakter seines Werkes und dieses Projektes Rechnung.

Armin T. Wegner zu hören, heißt, eine außerordentliche Sprache wieder zu entdecken – die Sprachkraft eines Dichters, der zeitweilig ein Bestseller-Autor war. Davon zeugen nicht nur seine bis heute aktuellen Reiseeindrücke aus Jerusalem, Bagdad oder Baku (> 1.3, 1.4 und 1.6) oder einige seiner stärksten Gedichte in dieser Produktion – manche sind im Laufe des Projekts auch als Lieder bekannt geworden (> 1.5, 1.9, 1.10 und 1.13).

Lebendig und vielstimmig bringt *Picture of a voice* zugleich eine bedeutende Stimme des Friedens, der Menschenrechte und der interkulturellen Verständigung zum Klingen. Ein zunehmend aktuelles Vorbild gelebter Zivilcourage, steht Armin T. Wegner auch für den humanen Einspruch gegen Unrecht und Gewalt. Der beginnt bei seinem prinzipiellen Protest gegen den Ersten Weltkrieg; im Gegensatz zu den meisten Schriftstellern wurde dieser Autor nicht erst dann Pazifist, als das Ausmaß der »Urkatastrophe des 20. Jahrhunderts« offenkundig war. Exemplarisch dann sein beharrlicher Protest gegen die von ihm so genannte »Austreibung des armenischen Volkes« durch die jungtürkische Regierung (1915/1916). Er war Augenzeuge dieses Verbrechens, für das die Zeitgenossen kein Wort hatten – der Begriff des Völkermords war noch nicht bekannt. Doch schon 1916 antizipierte der Dichter mit seiner Formulierung »Die Austreibung der Menschheit« (> 1.16) die globale Dimension, die das öffentliche Bewusstsein erst viel später, nach den Verbrechen des Hitler-Regimes, als »Verbrechen gegen die Menschheit« und als »Genozid« zu fassen suchte.

Wegner dokumentierte das Verbrechen – nicht zuletzt in eigenen Fotos – trotz Verbot und unter Lebensgefahr. Zugleich – und darin liegt keine geringere humane Kraft – war und blieb er dem türkischen Volk und seiner Kultur in tiefer Liebe verbunden. Er wusste wohl zu unterscheiden zwischen den Menschen und einem zeitweiligen Regime. Armin T. Wegner zeigte, wie man notwendige Kritik frei hält von Rachegefühlen, nationalistischen oder rassistischen Tönen – eine bis heute exemplarische Leistung humaner Erinnerung ohne Hass: »Ich klage nicht den Islam an ... Ich klage nicht das einfache türkische Volk an, dessen Seele von tiefer Sittlichkeit erfüllt ist.« (> 1.15).

Frühzeitig protestierte der Schriftsteller auch gegen Antisemitismus und Rassenwahn in seinem mutigen »Brief an Hitler« vom April 1933 – als einziger prominenter Autor in Deutschland nach der Machtübernahme des NS-Regimes. (> 2.12) Und er warnte auch vor dem Stalinismus – zuletzt in dem Hörspiel *Lied aus der blutigen Stadt Berlin* (> 2.13). Der Dichter nahm für seine Zivilcourage Ausgrenzung, Folter, KZ-Haft und lebenslanges Exil in Kauf. Sein Werk wurde in beiden deutschen Staaten lange verdrängt.

In weiteren »Sendschreiben« aus späteren Jahren beschwört er wieder und wieder den »Geist« statt der »Grausamkeit«: Sein Aufruf »An meine jüdischen Brüder« wandte sich an die bewaffneten zionistischen Verbände im jüdisch-arabischen Krieg 1948, seine Denkschrift »Der Bruderzwist« an den ägyptischen Staatspräsidenten nach dem Sechs-Tage-Krieg 1967. Letztere blieb Entwurf – doch schon dieser bleibt bemerkenswert: Wegner

– »der Mann, der an das Wort glaubte« – verfolgte dort kein geringeres Ziel als das, sein Schreiben könne dazu beitragen, die Araber »von ihrem unsinnigen Zorn auf die Juden zu befreien«.

Diese Doppel-CD ist zugleich Dokumentation eines großen Gegenwartsprojekts und Kaleidoskop zu Armin T. Wegners Werk. Die vorliegende Auswahl öffnet uns – wie der Dichter selbst – verschiedenen Kulturen und Stilen. Das ist die Herausforderung für die Hörer: Hier begegnen sich Orient und Okzident, Lyrik und Prosa, Literatur und Musik, Pop- und Hochkultur, Neue Musik und Experiment, professionelle Künstler und, ganz bewusst, auch Laien. Nicht zuletzt auch ›jung‹ und ›alt‹, dabei sind Wegners Texte zum wenigsten eine Frage des Lebensalters. Wenn auch die Resonanz, auf die dieser Autor heute wieder bei einer wachsenden Zahl junger Menschen trifft, besonders erfreulich ist. Der Dichter, der selbst biblisch alt geworden ist, schrieb dazu: »Ich bin nie älter gewesen als mit sechzehn Jahren.«

Wie der Autor selbst überschreitet auch dieses Hörbuch Grenzen und Konventionen. Das fängt beim Format des Hörbuchs an: Anders als üblich, kann man hier nicht einer einzelnen Erzählung folgen. Der/die Hörende begibt sich auf eine akustische Entdeckungsreise voller Überraschungen und Brüche. Dabei sind Ausschnitte aus den unterschiedlichen Stationen von Armin T. Wegners Werk und Botschaft zu erleben – die wichtigsten sind hier vertreten: Gedichte der Stadt und der Grenzüberschreitung, der Liebe und des Todes, Auszüge aus Reiseberichten, Hörspiel-Elemente und

Kostproben aus der ›türkischen Komödie‹ *Wasif und Akif oder Die Frau mit den zwei Ehemännern*, die Wegner gemeinsam mit seiner ersten Frau, der Dichterin Lola Landau, schrieb (> 2.7-2.9), sowie Beispiele für Wegners politisch-moralischen Einspruch als Augen- und Zeitzeuge – wie etwa sein »Offener Brief an US-Präsident Woodrow Wilson über die Austreibung des armenischen Volkes« und sein »Brief an Hitler«. Solitär jeder Text für sich, Prosa meist in hörgerechten Auszügen, Gedichte ungekürzt – Kostproben allesamt, die Lust darauf machen sollen, das im Ganzen nachzulesen, Lust auf Wegners Bücher und auf die Armin T. Wegner-Werkausgabe, welche im Wallstein Verlag vorbereitet wird.

Auf der Hör-Reise empfehlen sich Pausen: Diese Doppel-CD verweigert sich – wie Dichtung generell und Wegners Werk speziell – dem schnellen Konsum und dem Zeitraffer bloßen ›Durchhörens‹. Wer nonstop auf die Reise ginge, wer ohne Punkt und Komma durch diesen Parcours der Kulturen und Stile galoppieren wollte, dem entginge das Ganze – und auch die Kostbarkeiten am Weg.

Werk und Botschaft des deutschen, ins Exil gejagten Autors Armin T. Wegner laden zu derart vielfältigen Neu-Begegnungen ein. Als internationale Drehpunkt-Persönlichkeit und lebendige ›Schnittstelle der Kulturen‹ seiner Zeit weit voraus, ist Armin T. Wegner heute ein erstaunlich »modernes« Beispiel für Zivilcourage, interkulturelle Toleranz und Völkerverständigung. Darauf ließen sich alle Beteiligten dieses Projektes ein: Professionelle wie Laien, Bekannte und Unbekannte. Nicht zuletzt auch solche aus Kulturen, zwischen denen es traditionelle Konflikte gibt – in dem

Willen, sich in diesem Dichter zu treffen und gemeinsam an Brücken zueinander zu bauen.

Die hier ausgewählten musikalischen Beiträge sind nur ein Teil der vielen künstlerischen Einsendungen, die *Picture of a voice* erreichten. Es wurden weitere, zum Teil großartige Wegner-Vertonungen für das Projekt geschaffen, die in diese Auswahl leider nicht aufgenommen werden konnten, etwa von den Komponisten Professor Jürgen Löchter, Thomas Beimel, Ludwig Kaiser, Betin Güneş und Rabih Abou-Khalil. Alle wurden mit großem Erfolg uraufgeführt – Abou-Khalils Beitrag etwa 2005 in einem Konzert im Domforum Köln mit dem Komponisten, Michel Godard (Paris) und Jarrod Cagwin (Iowa). Andere haben noch Musikbeiträge in Aussicht gestellt – so zum Beispiel der Komponist Prof. Gilead Mishory.

Gemäß der Ausschreibung von *Picture of a voice* stellten alle Urheber ihre Werke dem Projekt für Uraufführung und Veröffentlichung zur Verfügung – ohne Honorar und im Sinne von Armin T. Wegner. Für diese außerordentliche Benefiz-Leistung dankt die Armin T. Wegner-Gesellschaft e. V. sämtlichen KünstlerInnen sehr herzlich.

Eine detaillierte Danksagung an alle weiteren Menschen, die dieses Projekt mit öffentlichem Zuspruch, finanzieller Förderung und Mitarbeit, Rat und Hilfe ermöglicht haben, befindet sich am Schluss des Buches.

Ulrich Klan, für den Vorstand der Armin T. Wegner-Gesellschaft

WALTER BENJAMIN
GEORG BERNHARD
FRANZ BLEI
CARL EINSTEIN
BRUNO FRANK
SIEGMUND FREUD
STEFAN GEORGE
HELLMUTH v. GERLAC
ALFONS GOLDSCHMITT
WALTER HASENCLE
FRANZ HESSEL
WERNER HEGEMANN
ARTHUR HOLITSCHER
ÖDÖN v. HORVATH
ARNOLD HÖLLRIEGEL
MONTY JAKOBS
GEORG KAISER
HARRY GRAF KESSLE
ELSE LASKER-SCHÜLER
ROBERT MUSIL
H. HERMANN NEISSE
RUDOLF OLDEN
RODA RODA
JOSEF ROTH
RENÉ SCHICKELE
STERNHEIM
ERNST TOLLER
KURT TUCHOLSKY
JAKOB WASSERMANN
ERNST WEISS
ARMIN T. WEGNER
FRANZ WERFEL
ALFRED WOLFENSTEIN
THEODOR WOLF
STEFAN ZWEIG
ERNST BARLACH
ERICH BARON
ERNST BLASS
FELIX FECHENBACH
EGON FRIEDELL
REINHARD GOERING
GERHART HAUPTMANN
ALBRECHT HAUSHOFE
GEORG HERMANN
HANS ARNO JOACHIM
GOTTFRIED KAPP
JOCHEN KLEPPER
ERICH KNAUF
EDLEF KOEPPEN
ADAM KUCKHOFF
THEODOR LESSING
OSKAR LOERKE
ERICH MÜHSAM
ALBERT MÜLLER
KARL v. OSSIETZKY
E.A. REINHARDT

ARMIN THEOPHIL WEGNER

»Hier ist ein Dichter!« Als Max Herrmann-Neiße 1925 zu diesem Urteil über Armin T. Wegner und seinen Gedichtband *Die Straße mit den tausend Zielen* kam, war der kein Unbekannter mehr. »Armin T. Wegner gehört zu den bedeutendsten Lyrikern unserer Zeit«, war in der *Täglichen Rundschau* zu lesen, und für Fritz von Unruh stand fest: »Ich habe einen wahrhaftigen Dichter gefunden.« Stimmen von Schriftstellern über einen der ihren, einen bald prominenten Autor – vor 1933. Nach der Zäsur der Nazizeit wurde es still um Wegner. So sehr, dass ihm 1947 eine fragwürdige Ehrung zuteil wurde – für tot erklärt zu werden: Auf dem Berliner Schriftstellerkongress stand sein Name auf der Gedenktafel für die zwischen 1933 und 1945 Verstorbenen und Ermordeten; auch der Prager Romancier F. C. Weiskopf reihte ihn 1947 in *Unter fremden Himmeln* in die »Verlustkette der literarischen Emigration«, »der im Exil Gestorbenen« ein. Eine Vorwegnahme der weiteren Rezeption, die Wegner selbst auf die Formel brachte: »... aus der Heimat vertrieben und völlig vergessen zu sein, kommt einem Tode gleich.« Noch 1972 befand er: »Mir geht es gut ... meinem Werk nicht!« Damit schien sich ein kritisches Wort von Leo Katz von 1914 aufs Neue zu bewahrheiten: »Auch auf Wegner konnte bisher der alte Sinnspruch Anwendung finden: Der Prophet gilt nicht im eigenen Lande.« Erst kurz vor und kurz nach Wegners Tod, 1978, ebneten vier Auswahlbände, einer davon in der DDR, und Wiederauflagen den Weg zu seiner neuerlichen Beachtung. Es folgten eine Reihe von Würdigungen, 1982 die einzige Biographie und grundlegende germanistische Studien.

Armin Theophil Wegner – geboren 1886 in (Wuppertal-)Elberfeld, gestorben 1978 in Rom – gehörte zu den frühen expressionistischen Dichtern, ehe er sich vor allem dem orientalischen Milieu zuwandte und als erfolgreicher Reiseschriftsteller in der Weimarer Republik einen Namen machte: Mit *Das Antlitz der Städte* (1917) bereicherte Wegner nicht nur die Großstadtlyrik um eindrucksvolle Gedichte wie »Der Zug der Häuser« sowie das moderne Sujet »Warenhaus«. Maßgeblich für das kurzzeitige Verbot dieses Buchs waren die 1918 als »unsittlich« beanstandeten Gedichte »Die Beiden«, »Ava« und »Die Schlachthallen«: Ein Totengesang auf abgeschlachtetes Vieh, weckt es apokalyptische Bilder von Blutrausch oder sogar dem Hinmorden von Menschen. Den zerstörerischen Krieg rufen der Zyklus »Das Lazarett« von 1914 und »Die Austreibung« (1916), beides aus *Die Straße mit den tausend Zielen* (1924), wach.

Wegners im Osmanischen Reich angesiedelte Prosa (*Der Weg ohne Heimkehr*, 1919; *Im Hause der Glückseligkeit*, 1920; *Der Knabe Hüssein*, 1921) schreibt keineswegs ein romantisierendes Orientbild aus Tausendundeiner Nacht fort. Allerdings kann es über seine tiefe Liebe für das türkische Volk und dessen Kultur keine Zweifel geben: »Ich habe oft gedacht, soweit ich auch in der Welt umherkam, daß mir selten Menschen so bald an das Herz gewachsen sind wie in diesem Lande«, schrieb er damals. Man denke auch an das türkische Puppenspiel *Wasif und Akif*, das er 1925 gemeinsam mit seiner Frau, der jüdischen Schriftstellerin Lola Landau, verfasste. »Die Entzauberung des Ostens« nennt Wegner dennoch seine kritische »Deutung der türkisch-orientalischen Seele« (in *Das Zelt*, 1926).

Er »entzaubert«, wie das Morgenland seinen Zauber einbüßt: Eine zwar in überlebten Traditionen erstarrte Welt wird durch die jungtürkischen Reformer, die einem nicht nur vorbildlichen westlichen Europa nacheifern, rücksichtslos zum Wandel gezwungen. Als Grundübel sieht Wegner die gewaltsame Zerstörung der ethnischen Vielfalt zugunsten eines verklärten Türkentums. Das sei zugleich die »bewußte Verhöhnung ... der Glaubenssätze des Islam«, der zum »Deckmantel aller Verbrechen« an Minderheiten »mißbraucht« worden sei – vor allem an »armenische(n) Bürgern«, aber auch an »syrischen Christen«, »Maroniten des Libanon«, Arabern und Griechen, wie Wegner es in »Tod am Bosporus« (1920) und Erzählungen wie »Der Sturm auf das Frauenbad« zum Thema macht. Sein für 1926 angekündigtes, groß angelegtes Epos *Die Austreibung oder Schatten vor der Sonne* blieb dagegen unabgeschlossen, und so war es Franz Werfel vorbehalten, 1933 mit *Die vierzig Tage des Musa-Dagh* den bedeutendsten Roman über den Völkermord an den Armeniern zu gestalten.

Der Bestseller *Am Kreuzweg der Welten. Eine Reise vom Kaspischen Meer zum Nil* (1930) und *Maschinen im Märchenland* (1932) liefern noch heute aufschlussreiche Einblicke in den Irak und Persien, so über die Sunna, Schia und die Bahai-Religion, zudem volkswirtschaftliche Analysen; *Die Jagd durch das Tausendjährige Land* – erschienen ein Jahr bevor 1933 alle Bücher Wegners auf die nationalsozialistischen Verbotslisten gesetzt wurden – bietet ein eher kritisches Panorama Palästinas. *Fünf Finger über Dir* (1930) spiegelt seine zwiespältige Wahrnehmung der Sowjetunion von 1927/1928.

Neben seinem literarischen Werk ist mit Wegners Namen das mutige Eintreten für den Frieden, die Menschenrechte und ein tolerantes Miteinander der Kulturen verbunden: 1915 hatte er, als Sanitätsunteroffizier in türkischen Diensten, trotz erheblicher Risiken den Völkermord an den Armeniern fotografisch dokumentiert. Anschließend bemühte er sich vergeblich, ihn in Deutschland öffentlich zu machen – angesichts des Bündnisses mit dem Osmanischen Reich ein Politikum. Im offenen Brief an US-Präsident Wilson (1919) sowie im Appell »Der Schrei vom Ararat« (1922) – »An die Regierungen der sieghaften Völker« – machte er sich bei der Neuordnung Europas für Armenien stark. In dieser Zeit engagierte sich Wegner als entschiedener Pazifist – unter anderem als Mitbegründer des *Bunds der Kriegsdienstgegner*. In »Die Mobilisierung der Menschheit« (1918) nennt er als sein Programm: »Menschheitskämpfer wollen wir sein, denn nicht gegen den Kampf wenden wir uns, den wir lieben, nur gegen den Krieg …«

Im April 1933 beschwor er angesichts des »Judenboykotts« Adolf Hitler in einem Brief, der Judenverfolgung Einhalt zu gebieten. Seine darin geäußerte Haltung, sich nicht »durch Schweigen zum Mitschuldigen« machen zu wollen, wenn das »Herz sich vor Entrüstung zusammenzieht«, kann beispielhaft für Armin T. Wegners Gesinnung und Zivilcourage stehen. Offensichtlich überschätzte er die Wirkung seines auch rhetorisch beeindruckenden Briefs. In der Sache kompromisslos und mutig, verwendete er dabei aus taktischen Gründen einzelne Schlagworte, die an die NS-Ideologie anknüpfen. Nach dem Krieg überarbeitete und bereinigte er diese Fassung und ergänzte sie zudem um Passagen, die ihn ein Deutschland in

Ruinen konkret vorhersehen lassen. Als Pazifist denunziert, wurde Wegner am 16. August 1933 verhaftet. Seine radikalen Publikationen gegen Kapitalismus und Militarismus wie *Der Ankläger. Aufrufe zur Revolution* (1921) hatten in reaktionären Kreisen – nicht nur bei seinem Nachbarn in Neuglobsow am Stechlinsee, Weltkriegsgeneral Litzmann – bereits Anstoß erregt; seine Zeit in der KPD war dagegen offenbar nicht bekannt. Folter, Gefängnis- und KZ-Haft (in den KZs Oranienburg, Börgermoor, Lichtenburg; bis 26. Dezember 1933) konnten Wegners Überzeugungen nicht brechen. Diese traumatischen Erfahrungen und den Verlust der Heimat, den sein Weg ins Exil bedeutete, verkraftete er allerdings nicht; mit dieser Misere – auch der Trennung von Lola Landau, die ihren Platz als Zionistin in Palästina fand – ging eine Schaffenskrise, zeitweise ein »Verstummen«, einher. Dem Geburtsland entfremdet, lebte Wegner, Vater einer Tochter und eines Sohns, von 1936 bis zu seinem Tod in Italien, ab 1945 in zweiter Ehe mit der Künstlerin Irene Kowaliska.

In Deutschland noch heute weitgehend vergessen, genießt Wegner weltweit besonders unter Armeniern und Juden hohes Ansehen. 1967 wurde er von der Gedenkstätte Yad Vashem (Jerusalem) wegen des Einsatzes für die Juden »unter Gefährdung seines Lebens« als einer der »Gerechten der Völker« geehrt. Der Publizist und Gelehrte Emanuel bin Gorion, selbst aus Deutschland geflohen, dankte Wegner am 26. Mai 1950 in der israelischen Zeitung *Davar* persönlich: »Sehr wenige haben ein Anrecht auf diesen Ehrennamen, wie der, von dem ich sprach, aber das Verdienst dieser wenigen ist es, daß wir noch da sind.« Bemerkenswert ist, dass bin Gorion dabei zunächst den Anwalt der Armenier würdigt: »Inmitten einer Welt, die es nicht wahrhaben wollte, daß eine Volksmehrheit sich gegen eine in ihrer Mitte lebende Minderheit kehren könne, um sie auszurotten, war er der einzige, der als Augenzeuge seine Stimme erhob, und diese Stimme wurde gehört. Damit tilgte er die Schmach seines eigenen Volkes als des Verbündeten des Landes, das die Armenier vernichtete. Gleichzeitig rettete er die Ehre der Literatur, der berufenen Stimme des Gewissens, welche von den Staaten und ihren Kriegsherren zu erstickt werden drohte.« 1968 zeichnete der Katholikos Armin T. Wegner in Armenien mit dem hohen Orden des Heiligen Krikor aus. 1956 wurde ihm das Bundesverdienstkreuz Erster Klasse, 1961 die höchste künstlerische Auszeichnung seiner Geburtsstadt, der Von-der-Heydt-Preis, verliehen. 1996 überführte man seine Asche nach Jerewan. Eine italienische Ausstellung »Armin T. Wegner und die Armenier in Anatolien, 1915« von 1995 fand auch in Großbritannien und den USA ein starkes Echo. Seit 2002 rücken die Projekte der Armin T. Wegner-Gesellschaft e. V. den Dichter und Menschenrechtskämpfer in den Blickpunkt. Jüngst erinnerte Volker Weidermann in seinem *Buch der verbrannten Bücher* (2008) an Armin T. Wegner – als einen der »weltläufigsten, weltkundigsten deutschen Schriftsteller«, an den »einsamen … unbeugsame[n] Gerechtigkeitskämpfer«.

Christoph Haacker

DIE INTERNATIONALE ARMIN T. WEGNER-GESELLSCHAFT E. V.

Nach dem Tod Armin T. Wegners im Jahre 1978 setzten sich immer wieder Persönlichkeiten im In- und Ausland für die Erinnerung und das Werk des Dichters ein. Im Jahre 2001 gelang es, viele dieser Wegner-Freunde aus aller Welt zusammenzubringen und zu vernetzen. Aus dem »Freundeskreis Armin T. Wegner« wurde die internationale Armin T. Wegner-Gesellschaft e. V., welche am 28. September 2002 in der Begegnungsstätte Alte Synagoge in Wuppertal, der Geburtsstadt des Dichters, gegründet wurde.

Mit einer literarisch-musikalischen Festveranstaltung stellte sich die neue Gesellschaft am 29. September 2002 öffentlich vor. Im Wuppertaler Schauspielhaus wurde vor einem großen Publikum des Dichters, seines Werkes und seines Einsatzes für die Menschenrechte, für Frieden und Völkerverständigung gedacht – in Anwesenheit der Tochter und des Sohns des Dichters sowie weiterer Ehrengäste, darunter Vertreter der Armenier in Deutschland und der Gedenkstätte Yad Vashem (Jerusalem). Es erklang armenische, jüdische und palästinensische Musik, bewegende Rezitation aus Texten Wegners sowie die (Ur-)Aufführung von Wegner-Vertonungen.

Seitdem gewinnt die Armin T. Wegner-Gesellschaft stetig Mitglieder und öffentliches Interesse für Werk und Botschaft des Dichters: Mit Lesungen, Ausstellungen, literarisch-musikalischen Programmen, Publikationen, Vorträgen und gesellschaftlichem Engagement im In- und Ausland. 2003 wurde in Los Angeles die Schwestergesellschaft Armin T. Wegner

Society of USA gegründet. Im gleichen Jahr wurde in Hollywood der Armin T. Wegner Award gestiftet, ein Preis für engagierte Filmschaffende, der seither jährlich verliehen wird – u. a. an die BBC-Reporter James Miller und Fergal Keane, an die indigene Regisseurin Joanelle Romero (*The American Holocaust*) und an die Filmemacher Carla Garapedian (*The Screamers*, 2007) und Ted Braun (*Darfur Now*, 2008).

Von 2003 bis 2008 führte das internationale Musik- und Verständigungsprojekt *Picture of voice* der Armin T. Wegner-Gesellschaft Musiker, Komponisten, Schauspieler, Künstler, Übersetzer und Techniker aus vielen Kulturen um das Werk Armin T. Wegners zusammen. Gestartet unter der Schirmherrschaft von Bundespräsident Johannes Rau und von ihm bis zu seinem Tode unterstützt, erreichte dieses Projekt weithin neue Aufmerksamkeit für den vergessenen Autor und ist nachhaltig in der vorliegenden Doppel-CD dokumentiert.

Der erste *Literaturwettbewerb Armin T. Wegner* für deutschsprachige Einsendungen zum Thema Menschenrechte, den die Gesellschaft 2008 zusammen mit *amnesty international* unter der Schirmherrschaft des Schriftstellers Günter Wallraff durchführte, belegte eindrucksvoll die neue Aufmerksamkeit: Neben mehr als 400 Bewerbungen aus dem gesamten deutschsprachigen Raum machten auch zahlreiche Einsendungen aus den USA, dem Nahen Osten und mehreren afrikanischen Ländern dieses Projekt »aus dem Stand« zu einem überwältigenden Erfolg.

Die Ziele der internationalen Armin T. Wegner-Gesellschaft e. V. sind als ausschließlich und unmittelbar gemeinnützig anerkannt. Die Satzung benennt als Programm u. a.: »Die Gesellschaft will zur Erforschung, Pflege und Verbreitung des Werkes Armin T. Wegners beitragen. [...] Den Lebenskontexten des Dichters will die Armin T. Wegner-Gesellschaft in ihren Aktivitäten ebenfalls Rechnung tragen; insbesondere auch dem Leben und Werk von Lola Landau. Neben Wegners Bedeutung als Schriftsteller soll gleichberechtigt sein gesellschaftlich-politisches Engagement gewürdigt und als ein Vorbild für Zivilcourage in lebendiger Erinnerung gehalten werden. So wie sich Wegner für Verfolgte – insbesondere für Armenier und Juden – und gegen den Krieg eingesetzt hat, so gehört der Einsatz für Menschenrechte, für Frieden, Toleranz und die Vermittlung zwischen den Kulturen und Religionen zum Programm der Armin T. Wegner-Gesellschaft. Die Armin T. Wegner-Gesellschaft e. V. strebt die Zusammenarbeit und die Vernetzung mit anderen Institutionen und Initiativen an, die sich vergleichbaren Zielen verschrieben haben.«

Die Armin T. Wegner-Gesellschaft e. V. möchte Sie herzlich einladen, sich mit Ihrer Kompetenz an der gemeinsamen Arbeit im Sinne des Dichters zu beteiligen oder aber im Rahmen dieses Vereins Armin T. Wegner und sein Werk für sich neu zu entdecken.

Armin T. Wegner-Gesellschaft e. V.
Else-Lasker-Schüler-Straße 45
D – 42107 Wuppertal
www.armin-t-wegner.de
www.armin-t-wegner.us

Spendenkonto: Stadtsparkasse Wuppertal,
BLZ 330 500 00, Konto Nr. 916445,
SWIFT-BIC WUPSDE33,
IBAN DE16 3305 0000 0000 9164 45.
Ihre Spende ist steuerlich abzugsfähig.
Wir danken herzlich für Ihre Unterstützung!

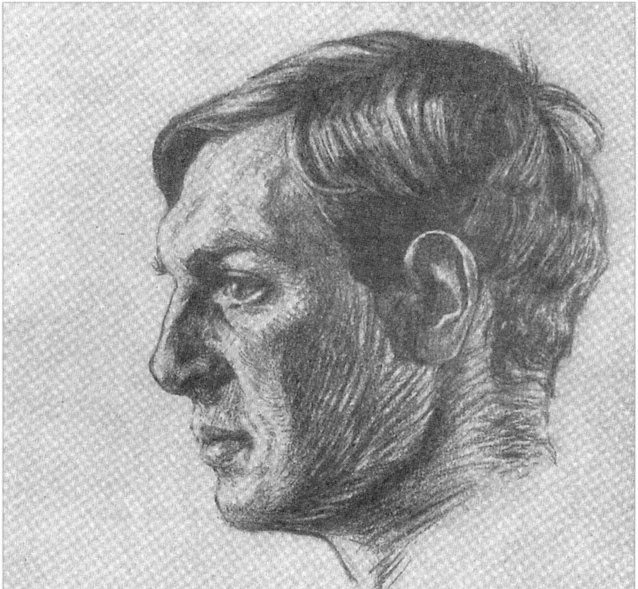

BILDNIS EINER STIMME 1.1

Sprecher:
Elmar Nettekoven (deutsch),
Sevgi Braun (türkisch),
Dr. Sarkis Kehyayan (armenisch),
Osama Zayed (hebräisch),
Rula Scheel (arabisch)
Aufnahme: Jonathan Rabanus, 2008

Kann man sehen, was man sagt? Gewiß vermag das, wer an die Wahrheit seiner Worte glaubt. Was voller Demut vor der Ewigkeit an die Ohren der Menschen dringt, schläft darin, um im Herzen zu keimen. Die Stimme hat viele Gestalten. Sie kann sich aufblasen wie ein Dudelsack, aus dem sie wimmernd entweicht. Sie singt und weint. In die Höhe schießt sie, ein Getreidehalm, der im Wind schwankt, und wenn das Licht der Weisheit sie reifte, sät sie ihre Körner in das heimatliche Erdreich. Sie kann sich kleinmachen wie eine Grille, unsichtbar im Grase zu sitzen, und zirpt in der Abendstille. Zum Sturmwind wächst sie an, der über Felder und Städte fährt, die Trägen aufzurütteln. Ein Zauberer, einsamer Wanderer ist sie, der am Stabe einer Schreibfeder über die Schneefelder endloser Seiten von Büchern geht, eine Spur hinterher ziehend, um anderen den Weg zu weisen.

Eines Tages aber, mögen sie nun an Gott glauben oder an das Gesetz der Sterne im All, an einen Freistaat von Bürgern oder eine klassenlose Gesellschaft, brechen viele auf, der geheimnisvollen Stimme folgend, um der Welt Frieden und Glück zu bringen, und wissen nicht, wie ihnen geschieht.

1.1 GÖRÜNEN SES

Übersetzung: Sevgi Braun, 2008

Statt Sevgi Brauns Übersetzung »Bir sedanın Portresi« wird hier der eingeführte Titel »Görünen Ses« verwendet.

Sözle sedalanan, gözle görülebilir mi? Şüphesiz, sözlerinin gerçekliğine inanan, buna muktedirdir. Ínsanların, sonsuzluğun çağrıştırdığı o derin tevazu içinde duyup dinledikleri, yüreklerinde filizlenmeye koyulur. Çeşitli görünüşlere sahiptir seda. Kâh bir gaydanın inleyen sesi olur. Şarkı söyler ve ağlar. Kâh topraktan yükselip, rüzgârla titreşen bir buğday başağı olur ve döker tohumlarını yurt toprağına, bilgeliğin ışığıyla olgunlaşınca. Bazen, kendi halinde çayırda oturabilmek için, cırcırböceği gibi minikleşip, akşam sükûnunda öter durur. Bazen tarlalar, kentler üstünde esen bora olur, uyuyanları uyandırsın diye. Bazen de bir sihirbaz, yalnız başına bir seyyahtır o; ardında, başkalarına mihmandar olabilmek için iz bırakarak, kalemden asasıyla, kitapların sonsuz sayfalarında karla örtülen tarlaları arşınlar durur.

Ama gün gelir, ister Tanrı`ya veya kâinattaki yıldızların yasasına inansınlar, ister özgür yurttaşlar devletine veya sınıfsız topluma, gün gelir birçok insan, dünyaya barış ve mutluluk getirmek için, sır dolu o sedanın izinde yola koyulur – nasıl olduğunu bilmeksizin, kendiliğinden.

Մի ձայնի պատկեր 1.1

Übersetzung: Albert Muscheghian, 2008

Կարո՞ղ է արդյոք մարդ տեսնել, թե ինքն ինչ է ասում,- անշուշտ, կարող է, ով հավատում է իր խոսքերի ճշմարտությանը: Այն ինչ հավիտենականի առջև լի է երկյուղով, հասնում է մարդկանց լսելիքին, նիրհում այնտեղ, որ սաղմնավորվի սրտում: Ձայնը շատ կերպարանքներ ունի: Նա կարող է փքվել պարկապզուկի տիկի նման, հեծեծալով հորդում է նրանից, երգում է ու լալիս: Նետի պես խոյանում է վեր, ինչպես ցորյանի հասկը՝ օրորվում քամուց, և երբ հասունանում է իմաստության լույսից, իր հատիկները ցանում է հայրենի երկրի հողի մեջ: Նա կարող է փոքրանալ ծղրիդի պես, աննշմար թաքչել խոտերի մեջ ու ճռռալ երեկոյան անդորրին: Փոթորկի շնչից ծավալվում է նա, սուրում դաշտերի ու քաղաքների վրայով՝ թմրածներին սթափեցնելու: Մի կախարդ, միայնակ ճամփորդ է նա, որ գրչակոթի ցուպին հենված՝ անցնում է գրքերի էջերի անծայրածիր ձյունաճերմակ դաշտերով՝ իր ետևից արահետ թողնելով՝ այլոց ուղի ցույց տալու համար:

Բայց մի օր էլ շատերը՝ Աստծուն հավատալիս լինեն թե տիեզերքի աստղերի օրենքներին, բուրժուաների ազատ պետությանը թե անդասակարգ հասարակարգին, դուրս կելնեն՝ գաղտնախորհուրդ ձայնին հետևելով, որպեսզի խաղաղություն ու երջանկություն բերեն աշխարհին, և չգիտեն թե ինչպե՞ս են այդ անելու:

1.1 צלם של הקול

Übersetzung: Prof. Chana Safrai
(Jerusalem, 1946-2008), 2007

הבל-פה הייתגלה? לבטח זה חפצו של כל המאמין בדברי אמת. כל אשר מתדפק על אוזני הציבור מתוך ענוות נצח, ממתין ומצפה לנבוט בליבם.
לקול דמויות רבות; הוא מסוגל להתנפח בחמת החלילים, ממנו יבבה מתרככת. הוא שר ובוכה, יורה בגבהים שריקה המתנודדת ברוח. ובהאיר לו אור החכמה הוא נוסק וזורע גרגריו בפינה רחוקה באדמת המולדת. הוא קטן כצרצר היושב נחבא בעשב ומרשרש בשלוות הערב. ברוח הסערה הוא נעור ומתנשא, טס מעל שדות וערים ומעורר נרדמים. הוא קוסם ונווד בקצות עטו של סופר המשתרע על שדות שלג בוהקים - אין סוף דפי ספר, המתווה נתיב להנחות דרך לרבים.
ויום אחד, האמינו באשר תאמינו, באל, בחוקות הכוכבים, בחרותה של מדינת אזרחיה או בחברה שוויונית, לפתע יפרצו רבים בעקבות אותו קול נסתר וישאו שלום ואושר לעולם. ואיש לא ידע על מה ולמה.

1.1 صورة صوت

Übersetzung: Dr. Hassan Mokhlis, 2008

هل يمكن للمرء أن يرى ما يقول؟
حتما يقدر على ذلك من يؤمن بالحقيقة في كلماته. وما ينفذ إلى آذان الناس وبكل تواضع أمام الخلود فإنه ينام هناك لينبعث داخل القلب. إن للصوت أشكالا كثيرة. إن بإمكانه أن ينتفخ كقربة مزمار وأن يتسرب منها منهنها. إنه يغني ويبكي. يرسل في السماء عود حب يتمايل في الريح وعندما ينضج بضوء الحكمة يغرس حبوبه في تربة الوطن. إن بإمكانه أن يصغر نفسه إلى حجم صرار يجلس في العشب مخفيا ويصرصر في هدوء الليل. وأن ينمو إلى زوبعة تعبر الحقول والمدن وتهز الكسالى.
إنه ساحر، مهاجر وحيد يمشي بعصا ريشة كتابة فوق حقول ثلج من صفحات كتب لا نهاية لها مخلفا وراءه مسربا ليوري الطريق للآخرين.
ولكن يوما ما، سواء آمنوا بالله أو بقوانين النجوم في الفضاء، بدولة حرة بمواطنين أو بمجتمع خال من الطبقات، سينطلق الكثير منهم وراء الصوت السري ليأتوا للعالم بالسلام والسعادة وهم لا يعرفون إلى ما سيؤولون.

1.1 PICTURE OF A VOICE

Übersetzung: Kevin Perryman, 2008

Statt Kevin Perrymans Übersetzung »Portrait of a voice« wird hier der bereits eingeführte Projekttitel »Picture of a voice« verwendet.

Is it possible to see what you say? Those who believe in the truth of their words definitely can. If it is full of humility in the face of the eternal, what reaches human ears slumbers there to germinate in the heart. The voice has many forms. It can puff itself up like the bagpipes from which it escapes, whimpering. It sings and weeps. It shoots up, a cornstalk swaying in the wind and, if the light of wisdom ripens it, it sows its seeds in its native soil. It can make itself as small as a cricket and sit invisible in the grass, chirping in the stillness of the evening. It can grow into a gale, blowing over fields and towns to arouse the sluggish. It is a magician, a lonely wanderer, pacing with the staff of his pen across the snowfields of endless pages of books, leaving a track to show others the way.

But one day, whether they believe in god or the laws of the stars in space, in a free state and its citizens or a classless society, Many will set out to bring peace and happiness to the world, following the mysterious voice, without knowing what is coming to pass.

PITTURA DI UNA VOCE 1.1

Übersetzung: Michele Wegner (Rom), 2008

Si può vedere quello di cui si parla? Sicuramente ciò riesce, a chi crede alla verità delle proprie parole. Ciò che pieno di modestia di fronte all'eternità penetra l'orecchio degli uomini, vi riposa per germogliare poi nel cuore. La voce ha tante configurazioni. Essa si può rigonfiare come una cornamusa, dalla quale fuoriesce piangente. Essa canta e piange.

In alto spara una spiga di grano, che ondeggia nel vento, e quando la luce della saggezza la porta a maturazione, essa semina i suoi chicchi sulla terra materna. Essa si può rendere piccola come un grillo, invisibile seduta nell'erba, e nella calma serale. Cresce come vento in tempesta, passando su campi e città, a scuotere i flemmatici. Un prestigiatore, un viandante solitario, che appoggiato all'asta di una piuma scrivente cammina sui campi di neve di innumerevoli pagine di libri, lasciando un solco a segnare ad altri la via.

Un giorno però, che essi credano a Dio o alle leggi delle stelle nell'universo, ad uno stato libero di cittadini o ad una società senza classi, molti si alzeranno a seguire la voce, per portare al mondo pace e felicità, e non sapranno, cosa succede loro.

1.1 L'IMAGE D'UNE VOIX

Übersetzung: Antje Olivier, 2008

Peut-on voir ce dont on parle ? Celui-ci qui croit à la vérité de ses propres mots, le peut certainement. Ce qui, humble devant l'éternité, atteint les oreilles des hommes, y dort afin de germer dans les cœurs. La voix a beaucoup de formes. Elle peut se gonfler comme une cornemuse d'où elle s'échappe en gémissant. Elle chante et elle pleure. Elle s'élance vers le haut comme une tige de blé qui bouge le vent. Et quand la lumière de la sagesse la laisse mûrir, elle sème les graines dans la terre natale. Elle sait se faire petite comme un grillon et reste invisible dans l'herbe et elle chante dans le silence du soir.

Elle monte comme la tempête qui souffle les champs et les villes pour réveiller les êtres humains inertes. Elle est une magicienne, une randonneuse solitaire qui marche avec sa plume sur les champs de neige des pages infinies de livres, laissant derrière elle une trace pour montrer le chemin aux autres.

Un jour cependant – que vous croyez en Dieu ou à la loi des étoiles dans l'univers, que vous croyez à un état libre ou à une société sans classes – nombreux seront ceux qui suivent cette voix mystérieuse pour apporter la paix et le bonheur au monde entier – et ils ne savent pas ce qui leur arrive.

AUFBRUCH 1.2

Musik: Elmar Nettekoven, 2008
Gesang, Gitarre: Elmar Nettekoven
Aufnahme: Jonathan Rabanus, 2008

Mich rührte fremd ein Wind um Mitternacht
Voll Wohlgerüchen aus verschollnen Küsten,
Voll Fackeldunst und Glanz von Frauenbrüsten
Und Geisterschiffen mit verruchter Fracht.

1.2 Vor meinem Blick in ungeheurer Schau
Barst Erde auf in ihren roten Tiefen,
Wo Stein und Gold in wilder Brautnacht schliefen
Und Städte, eingestürzt und altersgrau.

Da sprang ich auf, von schwarzem Schlaf befreit,
Aus Elternqual und totem Stubenbücken,
Und leicht wie Laub entwelkten meinem Rücken
Der frühen Tage Last und Müdigkeit.

Sieh, meine zwanzig jungen Jahre blähn
Die Nüstern auf, mich durch die Welt zu reißen,
Wie Hengste toll, die ihre Zügel beißen
Und wie Gewitter von den Hügeln wehn.

Goldgräber will ich in Alaska sein,
In Dschunken lauernd vor den Inseln liegen,
Die wie Delphine durch die Klippen fliegen,
Und mit dem Schneesturm um die Steppe frein.

Nicht vor dem Tode hält die Neugier still!
An Frauenhüften will ich rauh mich schmiegen,
Ich will zu Gast in fremden Betten liegen.
Der Urwald schluchzt und zittert vor Gebrüll.

1.2

Wie fühl ich lockend, daß ich dunkel bin,
Da ich zur Nacht mit ihren Vätern prasse;
Vom Hufschlag meines Pferdes qualmt die Gasse,
Spült mich die Flut zu neuen Inseln hin.

Gleich Eingeweiden zuckt das Firmament,
Es zischt die Luft von hundert Opferbeilen.
Ruhm, Wollust, Schlaf – mich kettet kein Verweilen,
Bis blau der Abend auf den Ebnen brennt.

Da schlagen Städte wild die Augen auf,
Ihr Geierhals reckt sich aus Rauch und Nebeln,
Zerfleischen die die Nacht mit Feuerschnäbeln,
Wie weiße Milch erglüht der Ströme Lauf.

Der Erdball wankt, an meinem Fuß zerschellt.
Die Landschaft flieht. Die Berge, Felder sausen,
Daß Turm und Brücken mir vorüberbrausen,
Nur ich allein bin ruhend in der Welt:

Sturmwolke, Flamme, Wind und Vogelfall,
Vom Pol gedreht bis an des Südens Wende –
Daß ich mich grenzenlos der Welt verschwende,
Bläst Gott als Rauch mich brennend durch das All.

1.3 ICH GEHE DURCH JERUSALEM

Sprecher: Elmar Nettekoven
Musik: Dr. Hassan Mokhlis, 2008
Oud und Aufnahme:
Dr. Hassan Mokhlis, 2008

Ich gehe durch die Stadt, Jerusalem zu suchen. Wir alle tragen es in uns, Juden, Christen, Mohammedaner, wie wir es einmal in der Kindheit erträumten – das Jerusalem unseres Herzens.

Automobile rattern neben mir, Stimmen schreien. Araber, Jemeniten, Griechen, Armenier, Juden drängen sich über die Jaffastraße. Gelbe häßliche Steinhäuser reihen sich aneinander. Die Asphaltwege gleißen. Mächtige Baugerüste erheben sich aus der Tiefe des Tales. Überall ist die Erde aufgerissen, Steine und Schutt liegen umher.

Wie findet man eine Straße in Jerusalem? Gehen Sie auf den Platz vor dem Kino, dort biegt eine Gasse ab, an ihrem Ende werden Sie einen Gemüseladen finden, dort kauft der Herr, den Sie suchen, seine Früchte. Fragen Sie, und man wird Ihnen sein Haus zeigen. Ich stolpere über Erdlöcher, biege um einen Winkel und stehe endlich vor einer Gruppe vornehmer, vielstöckiger Häuser wie in einem neuen Stadtviertel von Berlin oder Prag.

In der Altstadt schütten die Obstbasare ihre Körbe über die Straße. Die Gassen sind eng und schmutzig wie in jeder Kleinstadt des Orients. In einem offenen Keller geht ein Kamel mit verbundenen Augen vor einer Ölmühle unermüdlich im Kreise umher. Die Wände der Grabeskirche sind schwarz von Kerzenrauch. Silberne Blechlampen hängen von der Decke herab wie in einem Klempnerladen; kein kunstvolles Heiligenbild, kein erhabenes Mosaik. Durch diese Gasse ist Christus zur Hinrichtung gegangen, ein paar Steinpfeiler, ärmliche Häuser wie an allen Bergstraßen Kleinasiens – aber warum rührt mich dieses alles nicht an?

Die Luft ist frisch. Es riecht nach Wind. Ich gehe durch die Stadt, Jerusalem zu suchen und kann es nicht finden.

Warum belügt ihr uns alle? Warum belügt ihr euch selber, ihr Schriftsteller, Pilger, Reisenden, warum ruft ihr euch so lange mit Gewalt eure Erinnerungen, eure toten Träume zurück, bis ihr sie wirklich zu schauen glaubt, die nirgends in der ganzen Welt weniger lebendig sind als hier? Warum ruft ihr den Mondschein zu Hilfe, wenn ihr nachts auf die Stadtmauer der alten Davidsburg steigt – die Erde ist überall seltsam, unwirklich und geisterhaft in seinem Licht.

Diese Stadt ist nicht still, dunkel und alt. Sie ist bitter und verworfen, und lüstern, sich selbst mit Blut zu beflecken – ein unheiliger Steinbruch. Nirgends scheint der Kreuzweg zweier feindlicher Welten im Orient deutlicher erkennbar. Haß, Rache und Neid wohnen in ihr und die Begierde nach einem sehr nüchternen und amerikanischen Reichtum.

Am Abend betrete ich die Gassen der alten Judenstadt. In vielfachen Stockwerken erheben sich die Wohnungen in den Häusern. Treppen, Winkel und Gänge sind ineinander geschoben, die Menschen leben so eng wie in einem Gefängnis.

Es ist Sabbatabend. Aus der chassidischen Synagoge tönt der Gesang der Betenden wie der Schrei von Besessenen. Aus den Fenstern fällt Lichtschein, und in den Zimmern sieht man die zu Hause gebliebenen Frauen einsam neben der brennenden Kerze vor ihren Gebetbüchern stehen. Männer im Kaftan, die Pelzmütze oder den breiten schwarzen Hut auf dem Kopf, huschen im Dunkel vorüber. Es sind Aschkenasi, ostdeutsche Juden – aber sie sind nicht zu freien Bürgern des neuen Jerusalem geworden. Sie haben die abergläubischen Gebräuche ihres Gettos mit sich gebracht wie die Schnecke ihr Schneckenhaus, wie der Gefangene den Kummer seiner Vergangenheit in der Seele. Geht man durch ihre Gassen, könnte man glauben, in einer Straße von Kowno oder Lublin zu sein.

Als ich zurückkehre, begegne ich auf der Basartreppe dem Menschenstrom wieder. Araber, Armenier und Russen, europäische, sephardische und bucharische Juden eilen vorüber. Ich sehe sie alle an, ihre erhabenen Stirnen, sehe die verhaltene Inbrunst ihrer offenen, glühenden oder kalten und versteckten Augen und denke:

Jerusalem wohnt nicht in diesen Steinen, diesen Häusern, diesen traurigen, schmutzigen Mauern, es wohnt in ihnen allen – aber sie erkennen es nicht! [...]

»... WAS DU UNTER GOTT VERSTEHST ...« Armin T. Wegner liest

Aufnahme: Privat, undatiert. Mit freundlicher Genehmigung von Sibylle Stevens.

Lange Schatten fielen über den Fluß, und zwischen den Häusern am Ufer flammten Lampen auf. Ich blickte Mirza Taki an.

»Ich weiß nicht, was du unter Gott verstehst, Mirza« sagte ich.

»Seit meinen Knabentagen zweifle ich nicht daran, daß Gott nur eine Schöpfung unserer Einbildung ist, ein Traumbild, das wir an die Stelle von etwas Unerkennbarem gesetzt haben. Nicht, daß ich ein solches Traumbild für bedeutungslos halte, doch ich glaube kaum, daß man durch eine Bitte, die sich an das Sinnbild unserer Gedanken richtet, in das Gesetz des Alls einzugreifen vermag. Übrigens habe ich nicht aufgehört, mich inbrünstig in diese rätselhafte Welt zu versenken. Und wenn du willst, ist vielleicht mein Leben selbst, wenn auch in anderem Sinne, mit allen seinen Wirrnissen und Kämpfen ein Gebet«.

Anmerkung: Aus dem Gespräch Armin T. Wegners mit einem Vertreter der verfolgten Bahai-Religion, den er Mirza Taki nennt, in Bagdad 1929. Nicht nur Wegner verstand und beschrieb die im Persien des 19. Jahrhunderts entstandene Bahai-Religion als Projekt einer friedlichen Synthese der Weltreligionen. Die Aufnahme ist eine Lesung des Autors aus seinem Reisebuch-Bestseller *Am Kreuzweg der Welten* (1930).

1.5 DER RIESE LANDSCHAFT

Musik: George Dreyfus, 2003
Arrangement: Ulrich Klan
Solo Bassklarinette: André Enthöfer
Ensemble »Yusuf«:
Aygün Ismet Bakir (Bağlama)
André Enthöfer (Bassklarinette)
Anne Heyens (Gitarre)
Ulrich Klan (Gesang, Violine)
Ulrich Merkens (Kontrabass)
Aufnahme der Uraufführung am 6.12.2003
(Eröffnungskonzert von »Picture of a voice« in der Kirche in der City, Wuppertal):
TUM Ulrich Merkens

Der Riese Landschaft bin ich, bunt gefleckt
Im Wiesenschurze, grau den Bart der Wälder;
Durch Meer und Ebnen atmend hingestreckt,
Dehnt nackt mein Leib die braune Haut der Felder.

1.5

Es schläft mein Haupt im Berge Ararat,
Die rechte Hand will den Vesuv umspannen;
Um meine Füße rollt das Kattegatt,
Die linke welkt im Staube der Savannen.

Durch meine Adern fließt der gelbe Nil.
Die Tiere kommen, aus der Flut zu trinken,
Es treiben mit gedämpftem Saitenspiel
Die Liebenden auf schmalem Boot. Und sinken

Die Wasser, grünt das Land. Ich trug den Tod,
Krieg, Hochzeit, Götter, römische Trieren,
Die Völker schuf ich, und ich gab euch Brot,
Aus meinem Fleische eure Brut zu nähren.

Wenn ich mich recke, tief in meinem Schlaf,
Zittern die Dörfer, die am Hang der Glieder
Gebettet ruhen. Wo mein Puls sie traf,
Stürzen die Städte. Asche regnet nieder.

Und tausend Jahre sind ein Atemzug
In meinem Munde. Ninives Geschlechter,
Die leicht wie Grasflur meine Lende trug,
Verdorrn im Wind, ein klirrendes Gelächter.

1.6 DIE GURGEL DER WELT

Sprecher: Elmar Nettekoven
Musik: Bu dağda ceyran gezer (»Einsames Reh am Berge – Meine Schöne, wo bist du geblieben?«) – trad. aus Azerbaijan
Gesang: Fatma Kızay
Aufnahme: Jonathan Rabanus, 2008

[…] Baku heißt in der Sprache Persiens »der Windstoß«.

Ewig lebt er in ihr, der Nordwind, im Sommer glühend von den heißen Steppen, im Winter eisig von dem Schnee der Gebirge, geschwängert mit dem Speichel des Öls, der von seinen kalten Lippen auf die Kleider und Gesichter der Menschen tropft. […] Ich gehe durch »Tschorny Gorod«, die seltsame finstere Stadt der Schwarzen Türme, die sich rings um Baku erhebt. […]

Gleich riesigen schmutzigen Pfützen liegen die Ölfelder da. […] Türme reihen sich an Türme, Pumpen an Pumpen, mit der unermüdlichen Arbeit des Schluckens beschäftigt wie saugende Blutegel, die an der Erde hocken. Öl, Öl, Öl. Es sprüht aus den Quellen, pulst in den eisernen Adern der Rohre. […] Überall strömt Gas aus, hört man das Schluchzen und Seufzen der Pumpen. Und der schwere, zähe Sirup des rohen Naphtas breitet sich in den Kanälen, den Seen aus. Nirgends ein Baum, eine Blume oder auch nur ein kümmerliches Gras. Der schwarze Schlamm, den das Naphtha aus der Tiefe mit heraufspült, hat alles getötet.

Der Boden ist glatt wie Seife. Die Erde eitert. […]

1918 wurden die in- und ausländischen Besitzer der Ölquellen von Baku enteignet und vertrieben. Doch die mächtigen Ölriesen Englands und Amerikas, die Standard-Oil und die Royal-Dutch-Shell-Gesellschaft, wollten das russische Öl nicht aufgeben. Sie kauften die Ölquellen Bakus von den entthronten und geflüchteten Göttern des alten Russland, Nobel, Rothschild, Taigew und anderen, die sie gar nicht mehr besaßen, gegen bares Geld in der Hoffnung auf den baldigen Zusammenbruch der bolschewistischen Herrschaft.

Nichts ist spannender, als die Geschichte des russischen Öls nach dem Kriege zu verfolgen; denn es scheint fast, als wäre die Politik der großen verbündeten Länder des Westens von diesem Augenblick an hinter den Türen aller Verhandlungen [...] in Wahrheit von keinem anderen Triebe mehr bewegt gewesen als dem Durst nach Öl.

Kaum waren die großen Öltrusts in England und Amerika im Besitze der alten Aktien, so erklärten sie den Boykott über das »gestohlene« russische Naphtha.

»Hände weg vom roten Öl!« schrieen sie laut im Namen der britischen Gläubiger und verschworen sich gegenseitig, niemals dieses Öl zu berühren.

Aber das Öl war mächtiger. [...] Die [...] Führer der großen Trusts begannen einzusehen, daß es für sie wichtiger war, Geschäft als Geschäft zu betrachten, als auf moralische Grundsätze zu pochen. Sie, die schon so viel dieses giftigen Fusels der Erde getrunken hatten, daß es scheint, daß nicht mehr Blut, sondern Öl die Kammern ihrer Herzen bewegt.

Sie wichen der neuen russischen Macht; sie betrogen sich gegenseitig und kauften heimlich hinter ihrem Rücken russisches Öl. Während sie sich mit der rechten Hand verschworen, niemals eine Tonne kaukasischen Naphthas zu erwerben, feilschten sie mit der linken um ihren Preis. [...]

1.6 Aber auch Russland selber blieb diesem Gesetz des machthungrigen Öls nicht weniger unterworfen. Russland, dessen Arbeiter und Bauern durch einen grausamen Zug der Natur sich gezwungen sahen, dieses Öl an ihre schlimmsten Feinde zu verkaufen. Denn das russische Öl versorgt nicht nur die Friedensindustrie der anderen Länder, sondern [...] auch die Kriegsflotten von vier kapitalistischen Mächten der Welt. [...]

Das Öl hat alle Völker in Bewegung gesetzt, die wie dursttolle Herden sich um diese Tränke zu reißen beginnen. Öl! schreit Amerika, Öl! schreit England, Öl! schreien die Schiffe, die Maschinen, Öl! schreit die Gurgel der Welt.

Ja, man muß sich erinnern, daß die Wirtschaft der Völker den Schlund eines Säufers hat, um zu begreifen, daß diese schmutzige Stadt Baku mit ihrem verbrannten Boden, ihren zerfallenen Hütten, ihrer trostlosen Öde die ungestillte Sehnsucht der Länder ist, ein Schatz, für dessen Gewinnung man Hunderttausende von Menschen geschlachtet hat und wieder zu schlachten bereit ist – in einer Welt, die toll scheint vom Rausche des Öls.

Anmerkung: Armin T. Wegner schrieb diesen hellsichtigen Text in der Frühzeit des globalen Öl-Rausches. Nur achtzig Jahre später befinden wir uns im Endstadium dieser fossilen Epoche des Industriezeitalters – im Zeichen weltweiter Verknappung und dauerhafter Verteuerung des Öls. Die bringt manches (wieder) in Bewegung: So meldet die *Süddeutsche Zeitung* im Sommer 2008 unter dem Titel »Esel statt Diesel«, dass im Nahen Osten und in Anatolien der Preis für Esel um das Vierfache gestiegen ist. (> 1.11)

AVA 1.7

Sprecher: Elmar Nettekoven
Aufnahme: Jonathan Rabanus, 2008

Komm, setze dich auf meine Kniee wieder,
Die Dämmrung tritt behutsam auf den Zehen
In das Gemach. Nun laß mich deiner Glieder
Noch unbegriffene Musik verstehen.

Laß mich des Kleides schlanke Falten greifen,
Mit leisem Finger deine Brüste kühlen,
Der blassen Schenkel keuschen Marmor streifen,
Bis an die Wurzel deiner Wollust fühlen.

Dann schweigen beide. Nur die Herzen klopfen,
Und, eine reife Frucht, fällt diese Stunde.
Wie Südwind schwer und wie Gewittertropfen
Trink ich berauscht den Duft von deinem Munde.

1.8 DIE BEIDEN

Sprecher: Elmar Nettekoven
Aufnahme: Jonathan Rabanus, 2008

I

Die beiden Knaben sind allein im Raume,
Und so schmerzt Jugend ihre achtzehn Jahre,
Daß sie sich zitternd anschaun wie im Traume,
Erschrocken vor dem Glanz in ihrem Haare.

Sehr mädchenhaft erscheint der eine, rauh
Der andre. Doch, ein Spitzenwerk, umsäumt
Von Licht, hebt ihm der Zarte leis die Hand
Aufs Haupt. In seinen Augen öffnet grau
Der letzte Grund sich, und von Süße übermannt

Küßt er des Knaben Mund. Der andre träumt
Vom blassen Spiele einer Tänzerin.
Er sah sie gestern noch. Allein
Es dünkt ihn köstlich, so geliebt zu sein.

Als hätte nie bei Nacht ein Mädchenleib
Ihn so durchschaudert wie dies Kinn
An seiner Wange jetzt ... und fast ein Weib
Gibt er sich ganz dem fremden Knaben hin.

II

Nur eine Kerze brennt im tiefen Saal.
Die hohen Fenster haben sie verhängt,
Und von sich reißen sie der Kleider Qual,
Als hätte eine Flamme sie versengt.

Sie sitzen nieder auf des Bettes Rand,
Und zwischen ihren Hüften schlank umfaßt
Ein Langersehntes ihre zage Hand
Wie einen jungen starken Birkenast,
Wenn warm der Saft sich in die Knospe drängt.

Im Spiegel schauen sie sich eng verschränkt
Und fühlen wieder die geheime Qual,
Die aus dem Herzen in die Glieder rinnt,
Verwundert, daß sie sich so ähnlich sind.

Da löschen sie das Licht. Um beide
Schließt Dunkel zart und flüsternd sich wie Seide.

1.9 ICH HABE DAS SEIL MEINER SEELE

Musik: Elmar Nettekoven, 2003
Gesang und Gitarre: Elmar Nettekoven
Aufnahme: Jonathan Rabanus, 2008

Ich habe das Seil meiner Seele über die Berge gespannt.
Zart ist es wie das Tau der Spinne, doch unzerreißbar wie die Fasern des Weidenbasts.
Des Himmels Blauschwert kann es nicht zerschneiden.

Immer horcht es hinaus, ob du ihm Grüße sendest –
O wie bebt seine Wolkenschaukel,
Wenn du im Dunkel leise meinen Namen sagst!

Ich habe das Seil meiner Seele über die Berge gespannt
Ein Seiltänzer ist deine Liebe,
Die wiegt sich auf ihrem feinen Haar.

ALTE PLÄTZE 1.10

Musik: Ulrich Klan, 2004
Ausführende: Ulrich Klan (Gesang)
und das Nova Ensemble mit:
Prof. Susanne Achilles (Klavier)
Joachim Striepens (Bassklarinette)
Markus Hufschmidt (Querflöte)
Liveaufnahme des Konzerts
»Picture of a voice« am 31.1.2008
in Wuppertal: Volker Staubes

Die alten Plätze der Städte, wie seltsam sie sind,
Blühende Inseln mitten im steinernen Meere;
Um die das Leben, Regen und Wind
Um den einsamen Strand, hinbrandet
in dunkler Schwere.

Wo die Kinder der Stadt ihre Spiele ziehen,
Sie lieben Wind und Sonne so sehr.
Wo sie dunkel gehen nach Arbeit und Mühen,
Ist ihnen das Spiel ihrer Tage zu schwer.

Wo die Obdachlosen im Sternenlicht
Voll Haß auf die hölzerne Ruhstatt fliehen,
Wo sie tröstend erwachen, den Tau auf den Knieen,
Hebt über den Häusern der Tag sein blasses Gesicht.

Wo die Liebenden nachts, müde vom Tanz
Sich sacht in die Falten des Dunkels hüllen,
Wenn im Mondlicht die Plätze voll Silber und Glanz
Wie eine Schale mit strömendem Wasser sich füllen.

1.11 DEN ESELN STAMBULS

Sprecherin: Ulrike Schloemer
Musik: trad. Türkisch
Bağlama: Aygün Ismet Bakir
Liveaufnahme des Konzerts »Störche über dem Bosporus« im Rahmen des Projekts »Picture of a voice« bei den Wuppertaler Interkulturtagen am 25.5.2005 im Atelier Ismail Coban: Jonathan Rabanus

Wenn ihr, hoch mit geflochtenen Körben, mit Gemüse und bunten Früchten behängt, die Straße hinaufklettert, schaue ich euch nach, arme geschlagene und geliebte Esel. Perlenketten aus blauem Glas zieren euch Stirne und Schweif. Um eure Schultern winden sich die Hälse des Flaschenkürbis, glänzen schwarzblaue Eierfrüchte, rote Tomaten. Fliegenschränke stoßen klappernd gegen eure mageren Rippen, mit den blutigen Schädeln getöteter Hammel gefüllt, deren roter Saft, von Insekten umschwärmt, über euer graubraunes Fell hinabtropft. Die Stirn gegen eine Mauer gestellt, wartet ihr geduldig in heißer Sonne; unter Mauersteinen und Sandsäcken keuchend, ein wandelnder Berg, streift ihr die Wände enger Gassen, wo bei Zigaretten und Nargileh die Leute vor den Türen der Kaffeehäuser sitzen. [...] Die geschmeidigen Ohren dem Wind und allen Geräuschen offen – ach, ich kenne euch, ihr demütigen Seelen! Eure häßliche Stimme, flehentlich vor der Tür rohrvergitterter Häuser erschallend, erfüllt mich mit Traurigkeit; zärtlich befühle ich euren rauhen Nacken, nenne euch vertraut beim Namen. Bist du nicht Mustafa, ein wollhaariges Grautier, das an jedem Morgen die Milch durch die Stadt schleppt? Dies nicht Abdullah, der durch Steppen und Wüsten wanderte, in Filzdecken geschnürte Leichen auf seinem Rücken schaukelnd [...]?

Dies Ali und Lala Chudine? O du [...] saugendes Füllen der weißen Eselin, wie schneeig dein Fell glänzt, als solltest du im Zug der gewaschenen Lämmer schreiten, die man am Feste des Bairam in den Hof der Moschee treibt. Wie ihr mit euren zierlichen, schwachen Hufen die Steine des Weges berührt! Jeder bedeutet euch eine Stunde des Tages. Seid ihr nicht bis zu Tode erschöpft um jedes Brot in die Knie gesunken, auf daß wir uns nährten und kleideten? Habt ihr nicht diese Stadt, die dunkel und unheilvoll über euch aufragt, auf eurem Rücken getragen, ehe sie noch gebaut war?

O ihr schweigsam und klaglos Leidenden, denen Laut und Gebärde versagt blieb, immer geschlagen, immer geduldig: ich liebe es, bei den Lastträgern zu schlafen, mit den Korinthenverkäufern vor den Kaffeehäusern zu plaudern und die Schmerzen verwundeter Soldaten zu heilen – aber an eurer Seite möchte ich, ein wandernder Pilger, müde und wegbestaubt, bewaffnet mit dem alten Glauben der Kindheit, einziehen in das Himmelreich.

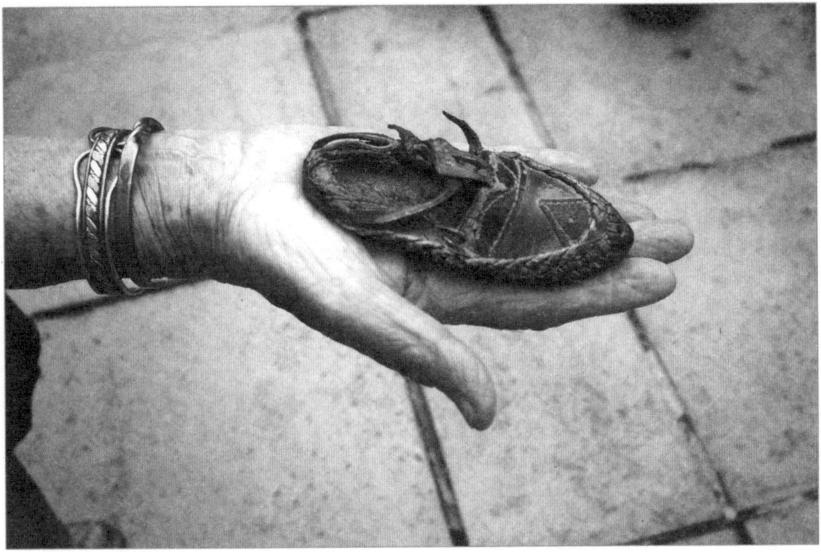

Anmerkung: Am Wegrand der Deportierten fand Armin T. Wegner 1915 diesen armenischen Kinderschuh. Er bewahrte ihn während seines eigenen lebenslangen Exils auf. Seine Tochter Sibylle Stevens schenkte ihn 2005 der Armin T. Wegner-Gesellschaft.

DER STURM AUF DAS FRAUENBAD 1.12

Sprecher:
Elmar Nettekoven (Erzähler, Lütfü)
Ulrike Schloemer (Sirpuhi)
UlrichKlan (Vali)
Aufnahme: Jonathan Rabanus, 2008

[…] Es war die Stunde nach dem großen Freitagsgebet. Die türkischen Stadtviertel schliefen verlassen unter einer Haube von Schnee; aber die Frauen der Christen hatten sich in den Bädern versammelt, nach den Mühen des Hauses die süße Betäubung der Ruhe zu kosten. Der Markt lag still. Die armenischen Kaufleute, in ihre Pelze gehüllt, lehnten nichts ahnend zwischen aufgetürmten Waren in den gepolsterten Sitzen ihrer Läden und bliesen Rauch in die Luft. […]

In der Ferne fiel plötzlich ein Schuß. […] Die Gasse erbebte. Die Armenier, völlig überrascht durch den Angriff […], versuchten ihre Verkaufsstände zu schließen; aber Fäuste klammerten sich an die hölzernen Läden und rissen sie wieder herab. […] Sie hoben schützend die Arme, aber Messer zerschnitten ihre Gelenke und ihre Gurgel spie Blut auf die seidenen Röcke. […]

Ein einziger Schrei rollte die Straße hinab: »Im Namen des Padischah! Tod oder Islam!« […]

Der Turm der Zitadelle von Erzurum streckte seine grüne Fahne heraus wie eine giftige Zunge. Hinter den Scheiben des Regierungsgebäudes […] saß, die Wasserpfeife rauchend, mit untergeschlagenen Beinen der Vali. […] Von der Treppe erscholl das Schleifen eines Säbels, Schritte übereilten

1.12 sich, und als die Tür aufging, trat die Gestalt eines jungen Offiziers in das Zimmer, in blauer Uniform, mit gepflegten Gamaschen – Lütfü, der Sohn des Vali. Französische Mönche hatten ihn unterrichtet, er hatte die Militärschule in Stambul besucht. [...]

»Der Segen Allahs begleite euch!« rief Lütfü. »Was bedeutet es, was dort geschieht?«

»Die Reformen, mein Liebling. Europa hat sie gewollt. Es sind die Reformen [...]«.

»Des Reformes? Ah, pas du tout, mon père. C'est un meurtre !« [...]

»Bist du ein Moslem? Die Kinder Muhammeds müssen ihre Pflicht tun. Kein Armenier soll geschont werden. [...]«

Vor der Tür der armenischen Kathedrale staute sich eine keuchende Menge; die Kirche war mit Flüchtlingen überfüllt. Aus dem Innern tönte Gesang, die Soldaten lachten und klatschten. Man hatte die Tore geschlossen, auf deren Stufen zwei armenische Männer standen, mit ausgebreiteten Armen an die Bretter genagelt. Lumpen und Reisig lagen zu ihren Füßen, mit Petroleum begossen. Das Volk schrie: »Wo sind eure Frauen. Gebt die Weiber heraus!« Die Blicke der Männer starrten in kahlem Entsetzen. Rauch schlug in ihr Gesicht. Plötzlich rief eine Stimme: »In den Bädern!« [...]

Die schwarze Masse [...] raste den Hügel hinunter [...] und stieß an die Pforte der Bäder. [...] Sie drangen in den gewölbten Raum, auf dessen hölzernen Betten die Frauen, von den heißen Bädern ermüdet, ruhten. Blaues Licht fiel durch die Kuppel herab, der Duft von Opium und Zigaretten durchwehte die Kammern. In weiche Tücher gehüllt, erhoben sie sich von den Plätzen [...]: »Seid ihr Moslems? Ist das Eigentum der Frauen euch heilig?«

Die Soldaten stutzten. Kaffeeschalen klirrten zu Boden. Ihre Augen begannen zu flackern, sie zerrissen das Band ihrer Hose und warfen sich über die nackten Leiber. [...]. Das spitze Kreischen der Geschändeten durchgellte den Raum. [...] Vor der Tür des Badehauses, ineinander gekeilt, drängte sich die Menge. Aus ihrer Mitte [...] erhob sich Lütfü: »Macht Platz für den Sohn des Vali!«

Als er die Halle betrat, schlug ihm der süße Dampf des Blutes entgegen [...] Mit qualvollen Blicken durchsuchte er die Reihen, und er fand sie in der hintersten Kammer. [...] Sie erkannte ihn wieder: »[...] Was willst du?«

[...] »Ich will dir helfen, Sirpuhi.« [...] Er trug einen Frauenmantel über dem Arm, sandte die Wache von dem Eingang der Badekammer und öffnete die Tür. »Komm.«

[...] Lütfü warf ihr den Frauenmantel über das Gesicht. [...] Sie gingen. Die Straße war schwarz von Leichen. [...] Plündernde Gendarmen begegneten ihnen, Sirpuhi zitterte vor Angst unter ihrem Mantel. Doch die Soldaten senkten den Kopf vor dem Schleier der Frau und traten beiseite. [...]

Zuweilen trafen sie auf die Leichen Erschlagener, durch zerstörte Dörfer ziehend, deren Lehmwände eingedrückt waren und deren zerbrochene Spinnstühle auf den Straßen lagen. [...] Eines Abends verließ Sirpuhi die Kraft. Sie setzte sich am Wege nieder und legte einen Stein unter ihren

1.12 Kopf: »Wohin führst du mich, Lütfü? Seit vierzig Tagen habe ich kein Dach über den Augen gehabt. Mein Gatte und mein Knabe sind tot. Meine Seele ist müde.«

Lütfü hielt ihre Hand, und erbebend drückte er einen Kuß auf ihren verwitterten Ärmel:

»In zwölf Tagen werden wir Mossul erreichen. Der Wind hat die Wege getrocknet, es ist warm und die Palmen blühen. Ich werde zu einem Krämer in Arbeit gehen«.

»Und dann?«

»Dort werden wir bleiben, Sirpuhi.«

Er schwieg. Da legte sie, in Schluchzen ausbrechend, die bloße Ranke ihres Armes um seinen Hals wie über ein Spalier. Er neigte sich und küßte ihre Brust, die er zum ersten Male berührte.

Und von der Höhe herab stürzte sich der Wind, heiß von den Gerüchen des Frühlings. Ein sattelloses Pferd, jagte er über die kahlen Steppen der Berge, den Rand der Grube, darin sie lagen, aneinandergeschmiegt, zwei süße Mandeln in ihrer Schale, durch die Mauern verbrannter Städte, die Wüste, die Nacht – über das einsame Haus der Erde, in dem die Toten wohnen und das die Kammer der Liebenden ist.

Anmerkung: Der Vali ist im Türkischen der Stadtkommandant. Diese Erzählung aus Armin T. Wegners *Türkischen Novellen* bezieht sich auf die Massaker gegen die Armenier im Osmanischen Reich unter Sultan Abdul Hamid in den Jahren 1895 und 1896.

1.13 STÖRCHE ÜBER DEM BOSPORUS

Musik: Armine Ghuloyan, 2004
Wuppertaler Klaviertrio:
Ulrich Klan (Violine, Gesang)
Anja Hinger (Violoncello)
Robert Dißelmeyer (Klavier)
Aufnahme: Jonathan Rabanus, 2008

Ihr Störche, die ihr aus Europa floht,
Zu wohnen auf der Kuppeln goldnen Locken,
Durch Haßgeruch und schwarzer Asche Flocken,
Verscheucht von Krankheit und gehetzt vom Tod;
An euren Flügeln hängt das Widerscheinen
Geborstner Städte, Mord und Kinderweinen.

Voll Kummer schweigt, wem euer Flug erklingt,
Da wild der Mensch von allen Kirchturmmauern
Zu Gottes Schlachtfest einen Leichnam schwingt,
Und Blut enttropft in schwarzen Hagelschauern
Der Vogelbrust, dem Meere sich vermählend —
Wohin, wohin tragt ihr der Erde Elend?

Blüht über Palmen noch die Himmelswiese,
Schluckt Büffelmund den aufgebrochnen Mohn?
Und trinkt ein Schoß mit Lust im Paradiese
Der Liebe Milch und bangt nicht um den Sohn?
Schäumt noch der Fluß aus blondem Felsenbecher
Durch Hüttenrauch und greise Tempeldächer?

Ihr Glücklichen, nach euch gereckt die Hände,
In Wüsteneinsamkeit seh ich euch ziehn.
Daß Menschentat nicht mehr die Erde schände,
Laßt mich vor euch im eklen Staube knien.
Wer reißt mich von dem blutbefleckten Schilde
Zu euch hinauf in himmlische Gefilde?

1.14 »... IN DER WÜSTE ...«

Dreigesang ohne Worte für Duduk, Bağlama und Viola nach A. T. Wegners *Ein Vermächtnis in der Wüste*

Musik: Ulrich Klan, 2005
Musiker:
Gevorg Dabaghyan (Duduk)
Ismet Tezcan (Bağlama)
Ulrich Klan (Viola)
Liveaufnahme im Kooperationskonzert »100 Jahre Neue Musik« von »Picture of a voice« und der Kantorei Barmen-Gemarke am 24.5.2008 in Wuppertal: Uwe Hofmann

Das Trio für Duduk (armenische Oboe), Bağlama (türkische Langhalslaute) und Viola entstand unter dem Eindruck von Armin T. Wegners *Vermächtnis in der Wüste* (> 1.15). Als eines der ersten Musikwerke überhaupt bringt das Stück armenische, türkische und deutsche Musiker in gemeinsamer Trauer zusammen: Miteinander Töne suchen statt in kalter »Unfähigkeit zu trauern« zu verharren. An die Stelle von Verdrängung oder Aufrechnung der Schmerzen tritt die einstweilen wortlose Frage nach dem Schmerz und der Einsamkeit des »Anderen«. Und Bewegung dort, wo wir verhärtet und erstarrt sind.

Das Trio zitiert am Schluss simultan die Melodien zweier uralter Lieder aus Anatolien: Die Duduk intoniert das traditionelle armenische Lied »Zik Du Kashi« (»Bewege den Pflug – die Last wird leichter beim Vorwärtsgehen«), während die Bağlama das alttürkische »Gel Gidelin Dosta Gönül« anstimmt (»Lasst uns einander kennen lernen, uns das Leben erleichtern, lieben und geliebt werden, denn am Ende bleibt die Welt niemandem von uns«). Letzteres schrieb in Anatolien vor ca. 700 Jahren der alevitische Volksdichter und Mystiker Yunus Emre (1250-1320).

EIN VERMÄCHTNIS IN DER WÜSTE 1.15

Das Ziel der Verschickung ist das Nichts!
Talaat, Türkischer Minister des Inneren

Offener Brief an den Präsidenten der Vereinigten Staaten von Nordamerika, Woodrow Wilson, über die Austreibung des armenischen Volkes in die mesopotamische Wüste.

Sprecher: Elmar Nettekoven
Aufnahme: Jonathan Rabanus, 2008

Berlin, im Januar 1919

Herr Staatspräsident!

[…] In Ihrer Botschaft an die Vereinigten Staaten vom achten Januar des vergangenen Jahres haben Sie die Forderung erhoben, alle nichttürkischen Völker des Osmanischen Reiches aus ihrer Unterdrückung zu befreien. Dazu gehören auch die Armenier. Dieses Volk ist es, für das ich meine Stimme erhebe.

Als einer der wenigen Europäer, der seinen furchtbaren Untergang vom Beginn auf den fruchtbaren Äckern Anatoliens bis zur Vernichtung seiner kläglichen Reste in den Einöden der mesopotamischen Wüste erlebte, nehme ich das Recht in Anspruch, die Bilder der Not und des Entsetzens vor Ihnen heraufzurufen. […] Denn keinem Volk der Erde ist je ein Unrecht geschehen wie dem armenischen. Es ist eine Frage des Christentums, es ist eine Frage der ganzen Menschheit. […]

Als die türkische Regierung im Frühjahr 1915 an die Ausführung ihres unfaßbaren Planes ging, zwei Millionen Armenier vom Erdboden zu vertilgen, waren die Hände ihrer abendländischen Brüder in Frankreich, Eng-

1.15 land und Deutschland vom eigenen unseligen Blute feucht. [...] Niemand hinderte die finsteren Machthaber der Türkei, ihre qualvollen Folterungen zu beenden. [...] So haben sie ein ganzes Volk , Männer, Frauen, Greise, Kinder, schwangere Mütter, unmündige Säuglinge, in die arabische Wüste getrieben, mit keiner anderen Absicht als der – sie verhungern zu lassen. [...]

Aus einer Heimat, die sie schon tausend Jahre innehatten, als die Römer unter Pompejus ihr Land eroberten, aus allen Teilen des türkischen Reiches, trieb man sie über die Pässe des Hochgebirges, von den Küsten des Marmarameeres bis zu den Palmenoasen des Südens in dieser trostlosen Ebene zusammen. Vor dem Aufbruch ihrer Familien metzelte man Scharen von Männern nieder, [...] jagte die armenische Bevölkerung der Türkei, ihrer Häupter und Wortführer beraubt, zu jeder Stunde des Tages und der Nacht aus den Städten, [...] plünderte ihre Häuser, verbrannte die Dörfer, zerstörte die Kirchen oder verwandelte sie in Moscheen. Man raubte den Armeniern ihr Vieh, nahm ihnen Esel und Wagen, riß ihnen das Brot aus den Händen, die Kleider von den Gliedern, das Gold aus den Haaren und den Zähnen.

[...] Flüchtlingszüge, die bei ihrem Aufbruch in der Heimat Hochanatoliens mehrere Tausende von Köpfen umfaßten, zählten bei ihrer Ankunft an den Stadtgrenzen Aleppos nur wenige Hunderte, während die Felder mit angeschwollenen oder schwarz gewordenen Leichen besät waren. [...] So starben sie, von Kurden erschlagen, von Feldjägern beraubt, erschossen, erhängt, vergiftet, erdolcht, erdrosselt, von Seuchen verzehrt, ertränkt, erfroren, verdurstet, verhungert, verfault, von Schakalen angefressen. Kinder weinten sich in den Tod, Männer zerschmetterten sich an Felsen, Mütter warfen ihre Kleinen in Brunnen, Schwangere stürzten sich, die Hände aneinandergebunden, mit Gesang in den Euphrat. Alle Tode der Erde, die Tode aller Jahrhunderte starben sie. [...]

Als ich in der Wüste heimlich durch die Flüchtlingslager der Vertriebenen schlich, in ihren Zelten mit Hungernden und Sterbenden auf ihrer Matte saß, ergriffen ihre flehenden Hände die meinen. Die Stimme ihrer Priester [...] beschwor mich, für sie zu bitten, wenn ich wieder in Europa wäre. [...] Dieses Schreiben ist ein Vermächtnis. Es ist der Mund von tausend Toten, der aus mir redet. [...]

Ich klage nicht den Islam an. Der Geist jedes großen Glaubensbekenntnisses ist edel, und die Handlung manches Mohammedaners hat uns vor den Taten Europas die Augen niederschlagen lassen. Ich klage nicht das einfache türkische Volk an, dessen Seele von tiefer Sittlichkeit erfüllt ist. [...]

Herr Präsident, Sie werden mir meine Vorurteilslosigkeit glauben, wenn ich als Deutscher darüber spreche, als der Angehörige eines Volkes, das auf das engste mit der Türkei befreundet war. Man hat uns infolgedessen eine Mitschuld an diesen Menschenjagden vorgeworfen. [...] Ich verschweige es nicht, auch Schwäche ist eine Schuld im Leben der Völker. Doch der bittere Vorwurf trifft Deutschland nicht allein. Im Berliner Vertrag von 1878 hat ganz Europa die Ruhe und Sicherheit des armenischen Volkes verbürgt.

1.15 Hat es dieses Versprechen jemals eingelöst? Selbst die Massenmorde Abdul Hamids haben das Abendland nicht zur Besinnung gebracht. In blinder Begierde verfolgte es die Ziele seines Eigennutzes, nicht gewillt, sich zum Beschützer eines bedrohten Volkes zu machen. [...]

Es genügt nicht, daß man das Elend dieses Volkes kennt, daß man ihm einen Staat gibt, dessen Häuser zerstört, dessen Felder verwüstet, dessen Bürger ermordet wurden. [...] Wessen dieses Volk bedarf, ist die Liebe, die es so lange entbehrte. Das ist die Erkenntnis der Schuld unser aller.

ÇÖLDE YATAN VASIYET 1.15

Tehcirin hedefi yoktur!
Talaat, Türk Dahiliye Nazırı

Kuzey Amerika Birleşik Devletleri Başkanı Woodrow Wilson´a, Ermeni halkının Mezopotamya çölüne sürülmesi hakkında açık mektup.

Übersetzung: Sevgi Braun, 2008

Berlin, ocac 1919

Sayın Başkan!

[...] Tanımadığınız birisi size sesleniyor diye kulaklarınızı tıkamayınız. [...] Siz, Osmanlı İmparatorluğu´nun Türk olmayan halklarını zulümden kurtarma çağrısında bulundunuz. Ermeniler de bu halklara dahil. Ben size bu halk için sesleniyorum. Bu halkın, Anadolu´nun verimli topraklarında başlayan ve Mezopotamya çölünün ıssızlığında son bulan korkunç çöküşünü izleyen ender Avrupalılardan birisi olarak, yaşadığı sefalet ve dehşet tablolarını huzurunuzda dile getirme hakkımı kullanıyorum.

[...] Türk Hükümeti, 1915 yılının ilkbaharında 2 milyon Ermeni´yi yeryüzünden silmek gibi akıl almaz planın uygulanmasına başladığında Fransa, İngiltere ve Almanya´nın elleri kana bulanıktı. Hiçbiri, Türkiye´nin iktidar sahiplerinin [...] bu halkı -tümüyle açlığa mahkum etmek amacıyla- erkeği, kadını, yaşlısı, çocukları, hamile anneleri, masum bebekleriyle Arap çölüne sürmelerini önlemedi. [...]

Pompejus döneminde Roma istilasına uğramadan bin yıl önce kendi yurtları olan bu topraklardan, Türk İmparatorluğu´nun dörtbir köşesinden, Marmara Denizi´nden palmiyeli güney kıyılarına kadar her yerden

1.15 toplanıp, yüksek dağ geçitlerinden geçirilerek bu meyus platoda biraraya getirildiler. Bir sürü erkek, henüz aileleri yola koyulmadan önce katledildi, zincir veya halatlarla birbirlerine bağlanmış olarak nehre atıldılar, elleri kolları bağlanarak dağlara sürüldüler, kadınlar pazarlarda resmen satışa çıkarıldılar, yaşlılar ve gençler sokaklarda öldürücü değnek dayağıyla zorunlu çalışmaya mecbur edildiler. [...]

Türkiye´nin başkanları ve sözcüleri kalmayan Ermeni halkı, gece gündüz demeden, hatta yataklarından çırılçıplak alınarak yaşadıkları kentlerden sürüldüler, köyleri yakıldı, kiliseleri yakıldı veya camiye çevrildi. Hayvanları, eşekleri, arabaları çalındı, ellerinden ekmekleri, üstlerinden giysileri, hatta ağızlarından altın dişleri alındı. [...]

Başlangıçta Anadolu´nun yüksek steplerinde binlerce kişiyi bulan sürgün kafileleri, Halep şehri sınırlarına gelindiğinde yalnızca birkaç yüz kişiden ibaretti, ardlarında kalan tarlalar [...] cesetlerle bezeliydi. [...]

Kürtler tarafından kurşunlanmış, bekçiler tarafından soyulmuş, vurulmuş, asılmış, zehirlenmiş, hançerlenmiş, boğulmuş, salgın hastalıkların kurbanı olmuş, sularda boğulmuş, soğuktan donmuş, susuzluktan veya açlıktan kırılmış, çürümüş ve çakallara yem olarak öldüler. Çocuklar ağlamaktan öldü, erkekler kendilerini kayalara vurdular, anneler yavrularını kuyulara attı, hamileler elele ve türküler söyleyerek kendilerini Fırat sularına bıraktılar. Dünyanın tüm ölümlerini, tüm yüzyılların ölümlerini öldüler.

Çölde gizlice sürgünlerin mülteciler kampına girip, çadırlarında açların ve ölüm döşeğindekilerin minderlerine oturduğum zaman, yalvaran elleri ellerimi tutuyordu. Yüzlerce ölüyü takdis eden ruhanileri, Avrupa´ya döndüğümde onlar için yardım dilememi yalvarıyordu. [...]

Bu yazı bir arzuhal. Bu yazı, binlerce ölünün benim ağzımdan seslenen feryadı.

Ermeni halkına karşı işlenen günahın haddi hesabı yoktu. [...]

İslamiyet´i suçlamıyorum. Her büyük inancın ruhu asildir, ve Avrupa´nın yaptıkları, bir çok müslümanın gösterdiği davranış karşısında yüzümüzü kızartıyor. Ruhu derin ahlakla dolu mütevazi Türk halkını suçlamıyorum. [...]

Sayın Başkan, önyargısız konuştuğuma inanacaksınız, çünkü ben size, Türkiye´nin çok yakın dostu olan bir halkın üyesi, yani bir Alman olarak sesleniyorum. Biz, bu insan avında suç ortaklığı ile suçlandık. [...] Ama bu acı suçlama yalnızca Almanya için söz konusu değil. Berlin Anlaşması´nda (1878) tüm Avrupa, Ermeni halkının selamet ve güvenliği için güvence vermişti. Lakin , verdiği bu sözü yerine getirdi mi hiç? Abdülhamid´in katliamları dahi Batı´nın aklını başına getirmedi. Avrupa kör arzular içinde, kendi çıkarları doğrultusunda hedefler izledi, tehdide maruz bir halkın koruyucusu olmayı istemedi.

Sayın Başkan, bu halkın sefaletini bilmek, ona evleri yıkılmış, tarlaları çöle çevrilmiş, insanları öldürülmüş bir devlet vermek yeterli birşey değil. [...] Bu halkın ihtiyaç duyduğu en önemli şey, uzun zamandan beri yoksun kaldığı sevgidir. Bu, hepimiz için, günahımızı idrak etmemiz demektir.

1.15 ԿՏԱԿ ԱՆԱՊԱՏՈՒՄ.

Բաց նամակ Հյուսիսային Ամերիկայի Միացյալ Նահանգների պրեզիդենտ Վուդրո Վիլսոնին՝ հայ ժողովրդին Միջագետքի անապատ աքսորելու մասին

Übersetzung: Albert Muschegbian, 2008

«Արտաքսելու նպատակն է՝ ոչինչը»
Թալաաթ, Ներքին գործոց թուրքական նախարար

Բեռլին, 1919թ. հունվարին

Պետության պարոն պրեզիդենտ.

[...] Անցյալ տարվա հունվարի 8-ին Միացյալ Նահանգներին հղած Ձեր ուղերձում Դուք պահանջ էիք ներկայացրել ճնշումից ազատագրելու Օսմանյան կայսրության բոլոր ոչ թուրք ժողովուրդներին: Դրանց թվին են պատկանում և հայերը: Այդ ժողովրդի համար է, որ ես բարձրացնում եմ իմ ձայնը:
Իբրև այն սակավաթիվ եվրոպացիներից մեկը, որ ապրել է նրա ահավոր կործանումը՝ սկսած Անատոլիայի պտղաբեր դաշտերից, մինչև նրա խղճուկ խլյակների բնաջնջումը Միջագետքի ամայի անապատներում, ես ինձ իրավունք եմ վերապահում ի ցույց դնել Ձեր առջև զրկանքի ու սոսկումի պատկերներ. [...] քանզի աշխարհի ոչ մի ժողովրդի հետ երբևէ նման անիրավություն չի կատարվել, ինչպես հայերի: Հարցը վերաբերում է բոլոր քրիստոնյաներին, դա համայն մարդկության հարցն է: [...]
1915թ. գարնանը, երբ թուրքական կառավարությունը ձեռնամուխ եղավ երկու միլիոն հայերին երկրի երեսից բնաջնջելու աննիտ ծրագրի իրագործմանը, նրանց արևմտյան եղբայրների ձեռքերը Ֆրանսիայում, Անգլիայում ու Գերմանիայում թաթախված էին սեփական դժբախտ արյան մեջ: [...] Ոչ ոք արգելք չեղավ Թուրքիայի խավարամիտ իշխանավորներին՝ վերջ տալու իրենց տաժանագին խոշտանգումներին, որոնց գործադրումն

վերջ տալու իրենց տաժանագին խոշտանգումներին, որոնց գործադրումն իրապես կարելի է համեմատել միայն խելացնոր ոճրագործի արարքի հետ: Այսպես, նրանք մի ողջ ժողովուրդ՝ տղամարդկանց, կանանց, ծերերի, մանուկների, հղի մայրերի, անօգնական ծծկերների, քշեցին Արաբական անապատ՝ ո՛չ այլ մտադրությամբ, քան սովահար անել նրանց: [...]
Մի հայրենիքից, որ նրանց էր պատկանում հազարավոր տարիներ, մինչև որ հռոմեացիք Պոմպեոսի օրոք նվաճեցին նրանց երկիրը,- թուրքական կայսրության բոլոր կողմերից՝ բարձր լեռների կիրճերով, Մարմարա ծովի ափերից նրանց քշում էին հարավ՝ մինչև արմավենու օազիսները՝ ժողովելով այս անմխիթար հարթավայրում: [...] Նախքան ընտանիքների տեղահանումը, տղամարկանց խմբերով կոտորում էին, շղթաներով կամ չվաններով իրար կապած՝ նետում գետը, ձեռքերն ու ոտքերը կապկպած գլորում լեռնիվար, կանանց վաճառում էին հասարակաց շուկաներում, կամ ծերերին ու մանուկներին մահակի մահացու հարվածների տակ քշում փողոցներով՝ բռնի աշխատանքի [...], Թուրքիայի հայ ազգաբնակչությանը, որ զրկվել էր իր պարագլուխներից ու գաղափարախոսներից, օրվա ու գիշերվա ցանկացած ժամի արտաքսում էին քաղաքներից, [...] կողոպտում նրանց տները, հրկիզում շեները, ավերում եկեղեցիները կամ վերածում դրանք մզկիթների: Խլում էին հայերից նրանց անասունը, վերցնում նրանց էշերն ու սայլերը, ձեռքերից հափշտակում հացը, հանում շորերը, մատների ու ատամների ոսկին:
[...] Գաղթականների թափորներից, որ մեկնելու ժամանակ հայրենի Բարձր Հայքում բազմահազար շունչ էին հաշվվում, Հալեպ քաղաքի սահմաններին հասնելիս միայն մի քանի հարյուր մարդ էր մնացել, մինչդեռ դաշտերը ծածկված էին ուռած կամ սևացած դիերով: [...] Այսպես մեռնում էին նրանք՝ քրդերից զարկված, ռազմական պահնորդներից կողոպտված, գնդակահարված, կախված, թունավորված, դաշունահար, խեղդամահ

1.15 գնդակահարված, կախված, թունավորված, դաշունահար, խեղդամահ արած, վարակներից հյուծված, ջրահեղձ, ցրտահարված, ծարավից տոչորված, սովալլուկ, նեխած, շնագայլերից հոշոտված: Մանուկները լալիս էին մահամերձ, տղամարդիկ ջախջախվում ժայռերին, մայրերն իրենց փոքրիկներին նետում էին ջրհորները, հղի կանայք, իրար ձեռք բռնած, երգելով նետվում էին Եփրատը: Աշխարհի բոլոր մահերով, բոլոր դարերի մահերով մեռնում էին նրանք: […]

Պետության պարոն պրեզիդենտ, երբ Դուք թերթելու լինեք սարսափազդու դեպքերի այն ամփոփագրերը, որ անաչառությամբ հավաքել են լորդ Բրայսը Անգլիայում և Յոհաննես Լեպսիուսը Գերմանիայում, ապա կտեսնեք, որ ես չեմ չափազանցում: […] Երբ անապատում թաքուն շրջում էի տեղահանված գաղթականների ճամբարներով, նստում նրանց վրաններում՝ սովյալների ու մեռնողների հետ իրենց խսիրի վրա, նրանք պարզում էին ինձ աղերսող ձեռքերը: Նրանց քահանաների ձայնը, […] ինձ երդվել տվեց՝ օգնություն խնդրել նրանց համար, երբ կրկին Եվրոպայում լինեմ: […] Այս նամակը կտակ է. իմ բերանով հազարավոր մեռելներ են խոսում:

Պարոն պրեզիդենտ, հայ ժողովրդի հանդեպ գործած անիրավությունը չափ ու սահման չունի: […] Իմ մեջ խոր կնիք են թողել աշխարհի բոլոր երկրներում գործված ոճիրները - […] Բայց այստեղ խոսքը վերաբերում է մի անօրենության, որին չի ենթարկվել այդ ժողովուրդներից ոչ մեկը՝ […] Ամեն ոք, […] ով սթափ հայացքով հետևել է այս ժողովրդի ճակատագրին, գիտե, որ հայ ժողովրդի դեմ ներկայացված բոլոր մեղադրանքները սոսկ Թուրքիայի անհոգի իշխանավորների հերյուրանքն են, որ հնարում էին՝ […] ի պաշտպանություն իրենց վայրագ բռնության: […]

Ես չեմ դատապարտում իսլամը: Յուրաքանչյուր մեծ դավանանքի միտումն ազնիվ է, և որոշ մահմեդականների վարմունքը ստիպում է մեզ ամոթից

գլուխներս կախել եվրոպայի գործողությունների համար: Ես չեմ դատապարտում հասարակ թուրք ժողովրդին, որի հոգին լի է խոր բարոյախոսությամբ. […]
Պետության պարոն պրեզիդենտ, Դուք պետք է հավատ ընծայեք իմ անկողմնակալությանը, քանզի այս մասին Ձեզ դիմում եմ իբրև գերմանացի, իբրև մի ժողովրդի ներկայացուցիչ, որն ամենասերտ կերպով բարեկամացել էր Թուրքիայի հետ: Դրա հետևանքով էլ մեզ պարսավում էին մարդկանց այդ հալածանքներին մեղսակից լինելու համար: […] Ես լռության չեմ տալիս նաև այն, որ անզորությունը ևս հանցանք է ժողովուրդների կյանքում: Սակայն այս տեղահանումը հնարավոր դարձնելու և հրահրելու դառն նախատինքը միայն Գերմանիային չի վերաբերում: 1878 թ. Բեռլինյան պայմանագրով ամբողջ Եվրոպան հանձն առավ հայ ժողովրդի անդորրի և անվտանգության երաշխիքը: Երբևէ կատարե՞լ է նա այդ խոստումը: Նույնիսկ Աբդուլ Համիդի հրահրած զանգվածային սպանդներն ուշքի չբերին Արևմուտքը: Կույր ընչաքաղցությամբ հետապնդում էր նա իր սեփական շահախնդիր նպատակները՝ չցանկանալով պաշտպան կանգնել մի վտանգված ժողովրդի : […] Չպետք է թույլ տալ, որ այս փոքր ժողովրդի ապագան հետին պլան մղվի մեծ պետությունների եսամոլական նկրտումների պատճառով: […] Բավական չէ, որ Դուք միայն իմանաք այս ժողովրդի տառապանքը, այլ որ նրան մի պետություն են տալիս, որի տներն ավերված են, դաշտերը՝ ամայացած, քաղաքացիները՝ կոտորված: […] Այն, ինչի կարոտ է այս ժողովուրդը, սերն է, որից նա այդքան երկար զրկված է եղել: Սա՛ է մեր բոլորի մեղքի ապաշխարանքը: […]

A LEGACY IN THE DESERT 1.15

The goal of the expulsion is the void.
Talaat, Turkish Home Secretary

An open letter to the President of the United States of [North] America, Woodrow Wilson, concerning the deportation of the Armenian people to the Mesopotamian desert.

Übersetzung: Kevin Perryman, 2008

Berlin, January 1919

Dear Mr President!

[…] In your message to the United Nations on 8 January last year you called for freedom from oppression for all non-Turkish peoples in the Ottoman Empire. This includes the Armenians. It is for this people that I wish to speak here.

As one of the few Europeans to witness the atrocity of its destruction – from its beginnings on the fertile plains of Anatolia, to the eradication of the pitiful remainder in the wastes of the Mesopotamian desert – I claim the right to draw your attention to this misery and suffering. […] No people on earth has ever been subjected to such injustice as the Armenians. This issue concerns Christendom; it concerns the whole of humanity. […]

In the spring of 1915, when the Turkish government set about putting into action its unbelievable plan to eradicate two million Armenians from the face of the earth, the hands of their Occidental brethren in France, England and Germany were still wet with their own ill-fated blood. […] No one prevented the dark powers that rule Turkey from carrying out their agonizing torture, its execution comparable only to the deeds of an insane

1.15 criminal. They herded a whole people – men, women, the aged, children, pregnant mothers, and babes in arms – into the Arabian desert, with the sole intention of letting them starve. […]

They were forcibly removed from what was already their home a thousand years before it was conquered by the Romans under Pompey, from every corner of the Ottoman Empire – from the coast of the Sea of Marmara to the palm-filled oases of the South – they were driven across high mountain passes to this desolate plain. Before their families set out, crowds of men were butchered; tied to one another, […] they were hurled into rivers or thrown down mountains with their limbs bound; women were sold in the market-place, old men and boys were harried and beaten to death while forced to work on the roads […] the Armenian population of Turkey, bereft of its leaders and spokesmen, was hounded out of the towns at all hours of the day and night […] their dwellings were plundered, their villages burnt, their churches destroyed or turned into mosques. Their cattle were stolen, ass and cart were taken, the bread was torn from their hands, the clothes from their limbs, the gold from their hair and their teeth.

[…] Processions of refugees, made up of several thousand people when they left their homes on the Anatolian plateau, had been reduced to a few hundred souls by the time they reached the city boundary of Aleppo, while the fields on the way were strewn with swollen or blackened corpses. […] They were killed by Kurds, robbed by the military police, shot, hanged, poisoned, stabbed, strangled, ravaged by disease, drowned, frozen, parched, starved to death, putrefied and gnawed at by jackals. Children cried themselves to death, men smashed themselves on rocks, mothers threw their little ones in wells, pregnant women, their hands tied, flung themselves singing into the Euphrates. They died every death there is in the world, every death there ever has been over the centuries. […]

Mr President, if you browse through the reliable records of this horror amassed by Lord Bryce in England and Johannes Lepsius in Germany, you will see that I am not exaggerating. […] On my clandestine visits to the refugee camps for the deported in the desert I sat on their mats in their tents with the starving and dying, and their pleading hands grasped mine. The voice of their priests […] beseeched me to entreat for them on my return to Europe. […] This document is a legacy. It is the mouth of a thousand of the dead, speaking through me.

Mr President, the injustice done to the Armenian people is monstrous. […] I have made a point of observing keenly the inhumanities meted out throughout the world. […] Here, however, amends must be made for an injustice such as no people on earth has suffered. […] Anyone […] who has followed the fate of this people unblinkingly knows full well that all the accusations […] levelled against the Armenian people are nothing but slander, invented by unscrupulous people in power in Turkey as justification for their own unmitigated violence. […]

1.15 I do not accuse Islam. The spirit of this great religion is noble, and the actions of certain Moslems have given us cause to be ashamed of the deeds of the Europeans. I do not accuse the ordinary people of Turkey; their soul is suffused with a profound sense of morality. [...]

Mr President, you will give credence to my lack of prejudice, since I speak as a German, a member of a people closely allied to Turkey. Indeed, this friendship has caused us to be accused of being an accessory to these man-hunts. [...] But Germany is not the only country that is to blame. In 1878, at the Congress of Berlin, the whole of Europe guaranteed that the Armenian people should be able to live in peace and safety. Did it ever fulfil that promise? Even Abdul Hamid's mass murder didn't make the West see reason. Blind with greed, it pursued its own selfish aims, unwilling to protect an endangered people. The future of this small people must not be allowed to be subordinated to the self-seeking claims of bigger nations.

It is not enough for us just to be aware of the misery this people has been put through, to give it a country whose dwellings have been destroyed, its fields laid waste, its citizens murdered. [...] What this people needs is the love of which it has been deprived for so long – the recognition of the guilt we all share.

UN TESTAMENT DANS LE DÉSERT

1.15

Lettre ouverte au Président des Etats-Unis, Woodrow Wilson, sur l'expulsion du peuple arménien dans le désert de la Mésopotamie.

Übersetzung: Antje Olivier, 2008

Le but de l'expulsion c'est le rien.
Talaat, Ministre de l'Intérieur Turque

Berlin, au janvier 1919

Monsieur le Président!

[…] Dans votre message du 8 janvier de l'année dernière adressé aux Etats-Unis vous avez demandé de libérer tous les peuples non-turcs qui ont été opprimés par l'Empire Ottoman. Le peuple arménien est un de ceux-là, et j'élève ma voix pour lui.

J'étais un des rares européens qui était témoin de leur ruine dès le début sur les champs fertiles d'Anatolie jusqu'à l'extermination dans la solitude du désert mésopotamien, et c'est pourquoi je me permets d'évoquer devant vos yeux les images du malheur et de l'effroi. […]

Quand le gouvernement turc commencait à réaliser leur plan inconcevable de l'extermination de deux millions d'Arméniens au printemps 1915, les mains de leurs frères en France, en Angleterre et en Allemagne étaient pleines de sang […] Personne n'empêchait les Turcs de chasser un peuple entier, des hommes, des femmes, des vieux, des enfants, des mères enceintes, des bébés, dans le désert arabe avec une seule intention: de les laisser mourir de faim. […]

1.15 On les chassait de leur patrie que les Arméniens habitaient depuis des milliers d'années, dès le temps des Romains sous Pompéi conquéraient leur pays, on les a chassé de tous les coins du territoire turc à travers les hautes montagnes, des côtes de la mer de Marmara jusqu'aux oasis du sud et aux plaines désolantes. Avant la grande marche des familles, on massacrait les hommes et on les jetait dans la rivière […], enchaînés l'un à l'autre, on les roulait du haut de la montagne vers le bas, on vendait leurs femmes sur les marchés, on chassait les vieux et les garcons avec des batons dans les rues pour avoir des esclaves de travail. […]

Après avoir éliminé leurs porte-paroles et leurs leader, on chassait la population arménienne hors de la Turquie, chaque jour et chaque nuit, on pilait leur maison, on brûlait leurs villages, on détruisait leurs églises ou on les transformait en mosquées. On prenait leur bestiaux, leurs ânes et chariots, on volait le pain dans leurs mains, les vêtements de leur corps, les bijoux de leurs cheveux et l'or de leurs dents. […]

On comptait des milliers de personnes dans les colonnes de refugiés quittant leur patrie d'Anatolie, et lors de leur arrivée ils ne comptaient que des centaines de survivants. Les champs se remplissaient de cadavres gonflés et noircis. […] Ils moururent, tués par des kurdes, pilés par des soldats, fusillés, pendus, empoisonnés, poignardés, égorgées, affaiblis par des épidémies, noyés, gelés, morts de soif et de faim, pourris, déchiquetés par des chacals. Des enfants pleuraient jusqu'à la mort, les hommes se fracassaient contre les rochers, les mères jetaient leurs enfants dans les puits, et des femmes enceintes se précipitaient dans l'Euphrate – en chantant des chansons, avec des mains enchaînées. Ils mouruent des morts de la terre, de tous les morts des siècles. […]

Quand je glissais furtivement dans leurs camps de réfugiés, quand j'étais à côté des personnes mortes de faim ou mourantes, elles prenaient mes mains, et leurs prêtres […] me conjuraient de faire des demandes lors de mon retour en Europe. […] Cette lettre est un testament. Elle sort de la bouche de milliers de personnes assassinées.

Monsieur le Président, il n'existe pas un autre peuple sur la terre dont on a causé tant de mal et de haine! […]

Je n'accuse pas l'Islam. L'esprit de chaque réligion est pur, certes et les actes de quelqes uns des musulmans ont fait peser sur l'Europedes différends aux conséquences lourdes! Je n'accuse pas le peuple turc, dont on espère que l'âme est rempli de moralité. […]

Monsieur le Président, croyez-moi, je suis loin des préjugés. Je suis de nationalité allemande, et vous savez que les Allemands sont des alliés du peuple turc. A cause de cette alliance, on nous accuse de complicité avec les Turcs. Nous ne sommes pas les seuls à qui ce reproche s'adresse.

Dans la Convention de Berlin 1878, toute l'Europe a assuré la sécurité du peuple arménien. Est-ce que l'Europe a tenu cette promesse? Même les massacres d'Abdul Hamid ne nous ont pas fait réveiller. On ne persuivait

1.15 que le but propre de notre égoisme, plein d'un désir aveugle, au lieu de protégér un pauvre peuple qui est menacé. […]

Il ne suffit pas de connaître le misère de ce peuple, et il ne suffit pas de lui donner le status d'un état si ses maisons sont détruites, ses champs dévastés et ses citoyens assasinés. […] Ce peuple n'a besoin que d'amour dont il en a été privé depuis longtemps. C'est la seule suite de notre culpabilité.

DIE AUSTREIBUNG DER MENSCHHEIT 1.16

Musik für gemischten Chor und Duduk:
David Haladjian, 2005.
Der Komponist zitiert am Schluss in der Duduk-Stimme das traditionelle armenische Lied »Qnir im balik« (»Schlaf, mein Kind«).

Musiker:
Gevorg Dabaghyan (Duduk)
Kantorei Barmen-Gemarke
Kettwiger Bach-Ensemble
Leitung: Wolfgang Kläsener

Aufnahme der europäischen Erstaufführung am 24.5.2008 in der Wuppertaler Immanuelskirche: Uwe Hofmann

1.16 Auf einem Totenhügel saß ich da,
Am Rand der Wüste, wo der Fluß sich träumte
Durch greise Ebenen. Und es geschah,
Daß vom Gebirg ein Strom von Menschen schäumte.

Ein wilder Wurm, der in die Steppe kroch,
Von Männern, Weibern, die in Fesseln gingen,
Wo sich der Wüste bodenloses Loch
Mit Schrecken auftat: Tier und Mensch zu schlingen.

Ein Zug, nicht abzusehn: aus süßer Luft
Umblauter Täler in die Nacht getrieben,
Aus Maulbeerbäumen und der Datteln Duft,
Der Äcker Lust, der Stuben schmalem Lieben.

Verfolgt von einer kalten Henkerschar,
Voll Geierkrallen und Geklirr der Meute,
Die lippentriefend mit geblähtem Haar
Die Hände hackten in den Schoß der Beute.

Sie aber nährten sich von ihrem Kot,
Von Gras und Wurzeln und dem Mist der Pferde,
Bis ihres Leibes ausgelaufne Not
 Der Hunger fraß, die Aschenglut der Erde;

Der Felsen Öde, da sie mit Gesang
Sich niederstürzten, gelber Sümpfe Lachen,
In Brunnen, die von ihrem Blut erbrachen –
Und aus der Wüste rauchte ein Gestank.

Da hob Entsetzen meine Augen auf,
Weil immer noch der Blick kein Ende spürte
Von Todeskampf und letztem Atemlauf
Und trocknem Schrei, der mir die Brust umschnürte.

Und in der Wolken aufgeblühtem Strauß
Erkannte ich, voll Fluch und Schuldbeschwerde,
Durch der Jahrtausende gewölbtes Haus
Der Menschheit Zug von Anbeginn der Erde.

Der Rachsucht und des Hasses geile Braut,
Der Völker Kral voll Elend ohne Maßen,
Die opferten dem Gott, den sie vergaßen,
Und rissen nieder, was sie aufgebaut.

Ihr Glück hieß Sterben, Leiden ihr Genuß,
Der gelben Tode ungezählte Kette,
Die siedeten in ihrem eignen Fette
Und mordeten im Kriege und im Kuß.

Durch Kerkerhaft, des Aufruhrs heisre
Fahnen Schien ihre Sehnsucht nur erfüllt zu sein –
Nichts andres hat die Erde auszuspein
Als der Vernichtung ewige Karawanen.

Da schrie mein Mund: »Menschheit, was tatst du dies?
Da Erde atmet und dir Wiesen schäumen?
Untilgbar ist der Fluch, der dich verstieß,
Und niemals wirst du Paradiese träumen!

Ich aber soll noch Kinder lächeln sehn,
Durch Blütenhauch und ersten Schnee auf Wegen
Mit diesem Antlitz in der Seele gehn,
Mich je zu einer Frau ins Bette legen?

Wird nicht der Leib, den ich in Lust umfing,
Vor meinen Blicken sich in Aas verwandeln,
In Flammen sprühen über Korn und Mandeln
Der Garten, den ich kaum berauscht durchging?«

Und so von Ekel war ich ganz zerwürgt,
Daß mir Verzweiflung Hirn und Auge trübte:
Zu hassen, was mir Freundschaft je verbürgt,
Und anzuspein den Bruder, den ich liebte.

1.16 Bis daß mein Schrei des Himmels Dach durchstieß
Und gellte in des Weltalls tiefe Leere –
Da stand der Fluß im Abend still, und blies
Kein Wind die Flut, die rückwärts rann vom Meere.

Entsetzen keuchte, und es barst der Damm,
Bis durch die Nacht, die feindlich sich erhellte,
Der Mond, ein hohler Totenschädel, schwamm,
Und mich der Schlaf aufs nackte Lager fällte.

Meskene am Euphrat, Oktober 1916,
im Angesicht der armenischen Deportation.

DER RUF 2.1

Musik: Charli Rothman, 2008
Ensemble Saitensprung
Aufnahme: RGM Studios Frankfurt, 2008

Nun schreite ich, ein Bauer, durch das Feld,
Stoß meine Pflugschar in die graue Erde.
Der Tag ist still. Und meine Peitsche fällt
Hart auf den Rücken meiner Pferde.

Fern liegt die Stadt, die mich mit Sünde schlug.
Mein Schuh ist grob, mein Kleid ist nur von Leder.
Mir dient als Tisch die Eisenschar am Pflug,
Als Ruhestätte das Gestell der Räder.

Hoch in den blauen Himmel träum ich mich
Und geb mein Lied dem leichten Wind zum Raube.
Mein Leid und meine Seligkeit, weil ich
Von Erde bin und an die Sonne glaube.

2.1 Doch meine Blicke senk ich tälertief.
Mir ist, als müßten frohe Boten kommen.
Von einem Lande, das mich zu sich rief,
Das meiner Stimme frommen Ruf vernommen.

Als brächten Noahs Taube zum Geleit
Sie mir und rissen mich von der geliebten Erde,
weil nun ein ganzes Volk für mich bereit,
daß ich ein Seher und sein Hirte werde.

Anmerkung: Das frühe Gedicht »Der Ruf« schrieb Armin T. Wegner als Jugendlicher vor 1905. Es zeigt ihn nicht nur stilistisch noch ›unfertig‹ – die expressionistische Bildkraft und Originalität seiner späteren Großstadtlyrik ist noch fern. Deren Thema, der ›Moloch Stadt‹ (»... die mich mit Sünde schlug«), deutet sich aber indirekt bereits an. Der junge Wegner zeigt sich hier beeinflusst von der Lebensreformbewegung und dem agrarisch-christlichen Anarchismus Tolstois. Die damalige Zeitströmung lautete »Zurück zu Mutter Erde« – und zum (Dichter-)Wort. Dass der jugendliche Armin T. Wegner dabei die Schule abbrach und sich zeitweilig – wenn auch erfolglos – in der Landwirtschaft versuchte, ist ein erstes Beispiel dafür, mit welcher Konsequenz er spüren und wissen wollte, was er beschrieb, und wie er Grenzen und Konventionen überschritt.

DER ANKLÄGER. MENSCHENRECHT

2.2

Sprecher: Elmar Nettekoven
Aufnahme: Jonathan Rabanus, 2008

Leitspruch
Ich bin gekommen, daß ich ein Feuer anzünde auf Erden –
Was wollte ich lieber denn es brennte schon!
Jesus von Nazareth

2.2 Diese Aufrufe wurden während des Winters der ersten deutschen Volkserhebung 1918/1919 geschrieben. [...] Wenn ihr Dichter sie fast drei Jahre später gesammelt herausgab, geschah dies nicht ohne Bewußtsein, daß manche von ihnen bereits Geschichte wurden und nur aus dem Geist jener Tage zu verstehen [sind]. [...]

Menschenrecht

Das Recht des Menschen ist mit ihm geboren worden. Dies ist das heiligste Gesetz der Erde. Wo Lebendige atmen, sterben oder gelitten haben, da erheben sie das uralte Verlangen ihres Geschlechts:

Das Recht auf Freiheit.
Das Recht auf Luft, Feuer, Wasser und Erde.
Das Recht auf den eigenen Leib.
Das Recht eigener Gedanken.
Das Recht auf Liebe: sich den Genossen und die Genossin zu wählen, allein nach den Geboten der Freundschaft.
Das Recht auf Schlaf.
Das Recht auf den eigenen Tod.

Mir gehören die verbotenen Wege im Wald nicht weniger als die steinernen Paläste, an denen ich voll Verachtung vorüberschreite, ohne sie zu betreten. Leib und Seele: ihr kostbaren Güter, die mir die Erde geschenkt hat, euch zu verwalten! Nie werde ich es dulden, daß ihr euch für das Werk der Habgier erhebt noch das Kleid des Soldaten für die Geschäfte des Mordens anlegt. Ist dieser Leib, dessen Schmerzen ich trug, nicht der meine? Gehört dieses Kind in meinem Leibe nicht mir? Wenn es mich gelüsten sollte, den Keim zurückzustoßen in Finsternis, wer wollte mich hindern? Wagt jemand zu bestimmen über den Samen in meinen Hoden?

O Gefängnis eurer Ehe, folgsame Amme des Staates, der nach Bürgern und Soldaten hungert. Wir rufen das freie Recht aller Lebendigen, das Recht auf Freude! Wir heischen die Liebe von Weib zu Weib und die Liebe von Mann zu Mann nicht weniger als die Liebe, die vom Manne zum Weibe geht.

Dies ist das Eigentum des Menschen. Es gehört dir, mir, uns allen. Durch niemanden soll dieses Recht beschnitten werden, […] es sei denn durch das Recht des Nächsten! […]

Anmerkung: Die Sammlung *Der Ankläger – Aufrufe zur Revolution* veröffentlichte Wegner 1921 im Verlag »Der Syndikalist«, der zur anarchistisch-syndikalistischen *Freien Arbeiter-Union Deutschlands* (FAUD) gehörte. Wegner fand in dieser Zeit kaum Publikationsmöglichkeiten in bürgerlichen Verlagen.

2.3 DER ANKLÄGER. TOD DER PRESSE

Sprecher: Elmar Nettekoven
Aufnahme: Jonathan Rabanus, 2008

Wenn du weise bist, Volk, lies nie eine Zeitung. Nichts geschieht in der Welt, wichtig, daß du es erfährst – es sei denn die Vollendung der eigenen Seele. Liest du aber doch, so nimm zwei Zeitungen statt einer, damit du erkennst, daß der eine Mund leugnet, was der andere für wahr spricht.

Kann das geschwärzte Papier, das die Straße dir zuträgt, dich bereichern? Mit gierigen Händen aber füllst du Todesfälle, Diebstähle, Theater, Reisen, Parlamentsberichte, Schlachten, Völkerkriege, Ehebrüche in die Blutleere deines Gehirns. Dein Herz zerstiebt in alle Länder der Erde. Auf den Höhen des Himalaja, im Hofstaat fremder Kaiser bist du eher zu Hause als in der Verlassenheit deiner Gedanken.

Du selbst bist es, Volk, das mit dem Schlaf seiner Langeweile, seiner Leichtgläubigkeit, seiner eitlen Neugier, diese Zwingburgen der Lüge geschaffen hat. Das seinen Atem hingab für die furchtbare Trompete des Unheils, die uns zu jeder Stunde mit Betäubung überschreit […]: Hundert Lügen zum Frühmahl; hundert Lügen am Schreibtisch, im Fahrstuhl, auf der Eisenbahn; […] hundert Lügen beim Mittagsmahl und beim Abendessen, vor dem Einschlafen und beim Aufwachen.

Sie sind die […] Hoffnung aller von Arbeit Keuchenden, die ihr Bündel in die zerfetzten Seiten hüllen und auf ihren erblindeten Spalten […] die Zeichen der ewigen Verheißung suchen.

Die Heere ihrer schwarzen Sklaven sind es, die im Dunkel ihrer Namenlosigkeit die Seele um jede Meinung verkaufen, die den Krieg geboren haben [...] und mit dem Dolch ihrer Federn mehr Menschen gemordet haben als alle Könige in Europa. [...]

Tod der Presse! Nieder mit der riesenhaften Hure für jeden Gedanken, die ihr für eine glatte Münze kauft. Wessen bedarfst du mehr zu deinem Glücke, Volk, des traurigen Weltgeschehens, von dem du lesen lerntest, ohne daß Tränen deinen Augen entbrennen, oder – erhaben zu sein in dir selbst? [...]

2.4 DAS WARENHAUS

Musik: Muyisa Mbasa, 2006
Rap-Performance: Der Komponist
Aufnahme: Jonathan Rabanus, 2006

Mit seinen Kuppeln, Toren und eisernen Bogen,
Die Pfeiler zu granitenen Fichten gereiht,
Mit seinen aufgerissenen Augen, die breit
Die Straße mit Licht überschütten, dem gewundenen Lauf
Seiner Treppen, funkelnd von Gold und Glanz überflogen:
Hebt sich das Haus bis weit in den Himmel hinauf.

Die niederen Dächer an seine Seiten geduckt,
Schwindsüchtige Wände, auf die es die plumpe Schulter zuckt,
Zwischen berstende Mauern, über die kalt
Sein Schatten und seine Flamme fällt,
Hat es den Fuß mit Donner-Gewalt
In der Straßen keuchende Lunge gestellt.

Doch unter dem Glanze der steinernen Bäume,
Die sich rauschend bis unter die Dächer verzweigen,
Verstrickt in das Dickicht der endlosen Räume,
Wachsend die Ströme der Menschen steigen.

Durch kreisende Schleusen gezogen
Schluckt seinen Atem das gewaltige Haus,
Menschen auf Menschen-Wogen,
Und speit sie zurück, auf die Straße hinaus.

In den gläsernen Schächten die fliegenden Stühle
Heben sich jäh empor aus dem schwarzen Gewühle,
Steigen und gleiten an zitternder Schnur,
Schwankend im Lichte
Wie die goldnen Gewichte
An einer rastlos laufenden Uhr.
Und über der Diele, die breit und gebogen
Sich dunkel ebnet in Schluchten, von Pfeilern zerrissen,
Zwischen Wänden, die ihre eigene Ferne nicht wissen,
Von kalten Sonnen lieblos belogen –
Erhebt sich strahlend der Wald der Dinge.

Die Dinge, die lichtheller Morgen umtagt,
Die nackt sich brüsten, schillernd und seiden,
Die die Wünsche der Menschen betasten, entkleiden,
Von dem lüsternen Schwarm ihrer Blicke benagt.
Die Dinge, die wie Lebendige glühen,
Wandelnd und in einer Sänfte von Glas,
Die dunkel und ohne Maß

2.4 Sich in endloser Straße ziehen.
Durch die die Menschen vorübertreiben, ein Wind.
Gewänder, die wie Erhängte sind,
Kopflose Kleider, die Gebete stammeln,
Die Tische von Ungebornen belebt,
Und Stühle, die sich zu Völkern versammeln,
Und die Betten weiß und von Seide gewebt,
In denen tausend begehrliche Wünsche schlafen,
Doch kein Lebendiger lebt.

Von den ewigen Fernen der Erde trafen
Die Dinge in dieses Hauses dunkel zerwühltem Hafen
Wie Schiffe auf weiter Reise zusammen.
Die über die Flüsse Ägyptens schwammen,
Persische Teppiche, japanische Seide,
Irische Pelze, Peruaner Geschmeide,
Die über die weglosen Meere kamen,
Der fremden Lande dunkles Gerät:
Sie alle sind, ein unfruchtbarer Samen,
Über die schwellende Diele des Hauses gesät.

Die Dinge zu Städten gebaut und Gassen,
Um deren Besitz sie morden und stehlen,
Um deren Glück sie einander hassen,

Millionen in Arbeit, in Wahnsinn sich quälen.
Die Dinge, in Glanz und in Leuchten geschlagen,
Die jung sind und zart zu fühlen. Bald,
In die tausend Stuben der Stadt getragen,
Werden sie alt:
Wenn sie im Dunkel und Elend des Alltags verblühen –
Die Dinge,
Vor denen die Seelen der Menschen knieen!

Und stumm in dem verwunschenen Wald
Bewegt sich lautlos die Schar der Priesterinnen,
Die lächelnd den Götzen der Dinge bedienen,
Der sich im Finstern zeugend vermehrt.
Mit hungernden Brüsten und Liebe beschwert
Bewahren sie opfernd die Schätze im Haus,
Wenn durch der Hände gebleichtes Linnen
Ohn Ende die Wasser der Dinge rinnen,
Und bieten zum Kauf ihre Seele aus …
Heben sich jäh empor aus dem schwarzen Gewühle,
Steigen und gleiten an zitternder Schnur,
Schwankend im Lichte
Wie die goldnen Gewichte
An einer rastlos laufenden Uhr.

2.4 Bis das Licht erlischt und die Schatten schwer
Und dumpf in die hohlen Säle fallen;
Da heben im Dunkel die Dinge, entgeistert und leer,
Ihre toten Äste, in die mit gefalteter Schwinge
Die Schatten sich krallen.

Und mit den Augen, die stets voll kaltem Verlangen
Nach den eilenden Menschen der Straße fangen,
Die sich in jähem Entsetzen verdunkeln,
Und noch im Schlaf ohne Ruh
Starr in das nächtliche Leben der Städte funkeln,
Schließt sich das Haus wie das Herz einer Dirne zu.

Anmerkung: Wegner schrieb das Gedicht 1910 unter dem Eindruck der Eröffnung des Kaufhauses Tietz in Berlin, das seinerzeit zu den repräsentativsten in Europa zählte. Diese neuen »Konsumtempel« stellten in Größe, Glanz und Ausstattung alles in den Schatten, was bis dahin Mittel- und Höhepunkt großstädtischer Architektur gewesen war: Kirchen, Rathäuser, Bahnhöfe ... Ähnlich wie gigantische Bankgebäude wirkten diese Warenhäuser wie die Stein gewordene Bestätigung von Heinrich Heines satirischer Bemerkung: »Das Geld ist der Gott der neuen Zeit – und Rothschild ist sein Prophet«. Nicht zuletzt auch wegen dieses Gedichts wurde Wegners Gedichtband *Das Antlitz der Städte* als »unsittlich« verboten: Ein preußisches Gericht stieß sich am Vergleich von Warenhaus und Prostitution.

2.5 DER ANKLÄGER. DICH MEINE ICH

Sprecher: Elmar Nettekoven
Aufnahme: Jonathan Rabanus, 2008

Du, den ich nicht kenne, Sandkorn unter den vielen, Republikaner, Bürger dieser barbarischen Stadt, gib mir die Hand. Was wendest du dich und schielst nach dem Rücken der anderen? Du bist es, den ich bestürme. In dir liegt die Schuld, der Anfang aller Knechtschaft und aller Kriege. Ich knete deine Seele, wende sie um, einen zerdrückten Handschuh – aber was kommt heraus? Eine kleine Eitelkeit, ein gekrümmter Finger der Habsucht.

War das deine Revolution? Diese Massen auf der Straße, Geschrei, Schüsse, zerfetzte Reden? Nichts ist geschehen, solange deine Seele sich nicht wandelt.

Fühltest du nie die unterirdische Gewalt, den einsam ringenden Gedanken, der sich von allem lossagt, was Vergangenheit, Freundschaft, Gewinn heißt, lange ehe sein furchtbarer Ausbruch dein Auge erreichte, vor dessen letzter Folgerung du erschrickst? Auf deine Erklärung warten wir, die Revolution deines Herzens – wichtiger als alle politischen und sozialen Revolutionen. Dich meine ich! Dein Selbst, dem ich nicht Ruhe lasse. In dir hat es angefangen. Gesegnet sei der Aufruhr deiner schlaflosen Nächte, der magere Zweifel, die ewig wiederholte Prüfung des Gewissens. *Es gibt keine Erhebung der Masse ohne den Umsturz des Ich.*

Bedenke aber, daß die Hauptsache erst kommen soll, und wir alle nur Stufe sind.

Was zögerst du? Nicht auf das Können kommt es an, sondern auf die Gesinnung.

Willst du mein Bruder sein? Gehen wir eine Strecke gemeinsam. [...]

DER ANKLÄGER. DICH MEINE ICH 2.6

Musik: Andreas J. Leep, Christian Stritzel, Martin Stürtzer, 2003

Ausführende:
Andreas J. Leep (Russolo-Intonarumore)
Christian Stritzel (Theremin, Sprecher)
Martin Stürtzer (Electronics)

Liveaufnahme der Uraufführung am 6.12.2003 (Eröffnungskonzert von »Picture of a voice« in der Kirche in der City, Wuppertal): TUM Ulrich Merkens

2.7 WASIF UND AKIF ODER DIE FRAU MIT DEN ZWEI EHEMÄNNERN Figuren

Türkische Komödie von
Armin T. Wegner und Lola Landau

Musikmotive »Figuren«: Ulrich Klan, aus der Bühnenmusik zu »Wazif und Akif«, 2004
Sprecher: Elmar Nettekoven
Aufnahme: Jonathan Rabanus, 2008

Figuren:
Leila, eine junge Türkin
Ihre zwei Ehemänner:
Wasif, ein Taschendieb
Akif, ein Einbrecher
Nasime, ihre Amme/Haushälterin
Sultan von Kairo
Sein Page […]
Trommler / Henker
Händler, Händlerinnen, Musikanten, Offiziere, Würdenträger, Wachen, Volk

Die Handlung spielt in Kairo im 945. Jahr der Flucht Mohammeds

WASIF UND AKIF ODER DIE FRAU MIT DEN ZWEI EHEMÄNNERN

2.7

Ouverture

Musik: Ulrich Klan, aus der Bühnenmusik zu »Wazif und Akif«, 2004.
Ausführende:
Nova Ensemble, mit:
Annkatrin Rothe (Schlaginstrumente)
Joachim Striepens (Klarinette)
Markus Hufschmidt (Querflöte)
Annabella Ristenpart (Violoncello)
Prof. Susanne Achilles (Klavier)
Asli Dila Kaya (Bağlama)
Ulrich Klan (Violine)
Liveaufnahme der Uraufführung am 31.1.2008 in Wuppertal: Volker Staubes

2.7 *Anmerkung:* Nach einem orientalischen Märchen aus »1001 Nacht« und seiner Überlieferung im türkischen Schattenspiel mit seinen Protagonisten »Karagöz« und »Hacivat« in der bis heute populären Satire »Yedi kocalı hürmüs« (»Die Frau mit den sieben Ehemännern«). In der modernen Bühnenfassung von Wegner und Lola Landau erfährt die Geschichte eine witzig-emanzipierte Schlusspointe. Das köstliche Spiel mit vertauschten Rollen ist augenzwinkernde Auseinandersetzung mit der kulturellen Differenz, mit Patriarchat und Ehemoral – eine subversive Liebeserklärung an – nicht nur orientalische – Traditionen.

Wasif und Akif wurde mit großem Erfolg 1926 an der Komödie am Kurfüstendamm uraufgeführt, in hervorragender Besetzung, etwa mit Paul Henckels als Wasif. In ihrer wissenden und freundlichen Heiterkeit schafft Wegners und Landaus ›türkische Komödie‹ jenes heilsame Lachen, das zu allen Zeiten hilfreich ist. Angesichts herbeigeredetem oder herbeigebombtem »Kampf der (Un-)Kulturen«, Hass schürender »Satire von oben«, Islamismus, Kopftuchdebatte oder Zwangsverheiratung tut solch echter Humor gegenwärtig bitter not. Das Stück ist für Bühne, Marionettentheater und Film wieder zu entdecken. Dass die Komödie auch in der Jugendarbeit wirksam einzusetzen ist, zeigte die erste Schulaufführung des Stückes im Jahr 2004 in Wuppertal (Regie: Dirk Krüger). Unsere Abbildungen zu *Wasif und Akif* stammen aus einem zeitgenössischen US-amerikanischen Zeichentrick-Projekt.

WASIF UND AKIF ODER DIE FRAU MIT DEN ZWEI EHEMÄNNERN

Auszüge

2.8

Sprecher:
Linda Guttkowski (Leila)
Ulrike Schloemer (Nasime)
Elmar Nettekoven (Erzähler, Akif)
Ulrich Klan (Wasif)

I. Akt, 1. Szene

(Zimmer im Frauenhause von Wasif und Akif. Ein gedeckter Tisch, Stühle. Es ist gegen Abend.)

Leila (eine junge, anmutige und gefallsüchtige Frau): Decke den Tisch, Nasime! Mein Herr und Gebieter kommt.

Amme (eine beleibte Matrone): Welcher Gebieter kommt? Welcher Eurer Ehemänner wird das Licht seiner Augen auf dich werfen?

Leila: Daß dir dein dummes Fragen den Magen drückt. Vergiß die süßen Pistazien nicht.

Amme: Bei Allah, also der Süßschmecker, Herr Süßmaul. Nicht der Liebhaber des Sauren. Wenn ich dem einen nur nicht einmal aus Versehen Zucker in den Reis streue. Der eine will weich, der andere hartgesotten. Mein Kopf verwirrt sich.

Leila: Es sind doch nur zwei Männer, Amme. Füllt dein Verstand nicht einmal zwei Kochlöffel aus?

Amme: Nur z w e i Männer – beim Bart des Propheten, Leila! Alle Frauen unter unserem Sultan haben nur die Erlaubnis, den fünften Teil eines Mannes zu lieben , den sie mit vier anderen Frauen teilen müssen. Und

2.8 Ihr haltet Euch heimlich zwei Ehemänner, die Ihr voreinander versteckt. Das nimmt noch ein böses Ende, mein Vögelchen.

Leila: Ich liebe die Abwechslung, Nasime. Wen ich bei dem einen bin, freue ich mich schon auf den andern.

Amme: Und welcher von beiden ist Euch der angenehmere?

Leila: Der gerade bei mir ist. So verschieden wie ihre Lieblingsspeisen sind, so verschieden schmecken auch ihre Küsse. Bei dem einen gepfeffert, bei dem andern wie Rosinen. Bei dem einen lache ich, bei dem andern bin ich gefühlvoll.

Amme: Aber wenn sie den Betrug entdecken?

Leila: Keine Gefahr gute Amme. Ich habe die Berufe meiner Männer so ausgewählt, daß sie einander niemals begegnen können. Wasif ist Taschenspieler und treibt sich am Tage in den Basaren herum. Akif aber ist ein Räuber, der des Nachts auf Beute ausgeht. Wenn Wasif ausgegangen ist, kehrt Akif von seinem Handwerk heim. Denn am Tage, da plündert er mich aus.

Amme (lachend): Aber pfui, pfui, mein Kind. *(Es klopft)*.

Leila: Es klopft. Geh öffnen, Amme. Gewiß kommt Wasif, der Taschendieb, jetzt von seinem Tagewerk heim.

(Amme geht öffnen. Leila putzt sich vor dem Spiegel).

Amme (aufgeregt): Es ist nicht Wasif, es ist Akif, der Räuber! Ich sagte es ja, das Unglück beginnt. […]

Als Wasif und Akif die Situation erkannt haben, stellen sie Leila gemeinsam zur Rede. Sie macht ihnen einen Vorschlag:

II. Akt, 3. Szene:

Leila (neuen Mut schöpfend): Da steht ihr und glotzt wie die Kamele an der Tränke. Wollt ihr mich nicht vor die Tür jagen? [...]

Akif: Ich werde dich nicht freigeben. Aber es paßt mir nicht, mit einem anderen immer in demselben Kochtopf herumzurühren.

Wasif (sich hinter dem Ohr kratzend): Die Sache wird kitzlig.

Leila: Hört, Freunde! Ich weiß einen Ausweg. Nehmt folgenden Vorschlag an. Ich will zwischen euch beiden den Gatten wählen, dem ich alleine angehören werde. Doch stelle ich euch eine Aufgabe. Wer von euch beiden in seinem Handwerk den Beweis der geschickteren Meisterschaft ablegt, ob Taschenspieler oder Räuber, der soll mich besitzen. Er soll mein einziger Herr sein. Seid ihr's zufrieden?

Akif: Das ist vortrefflich ausgedacht. Beim wachsenden Halbmond, bis morgen abend soll die Entscheidung fallen.

Wasif: Dieses Wettrennen gefällt mir. [...]

III. Akt, 1. Szene:

[...]

Akif: Beim Nabel des Propheten, Wasif! [...] Du hast mir gezeigt, wie man den Kadi hinter das Licht führt. Ich aber will dir beweisen, wie man den Sultan selber betrügt. [...] Ich werde dem Sultan den Kopf kratzen und Blutsfreundschaft mit den kaiserlichen Läusen schließen. [...]

WASIF UND AKIF
ODER DIE
FRAU MIT DEN ZWEI EHEMÄNNERN
TÜRKISCHES SCHATTEN-SPIEL VON
ARMIN T. WEGNER und LOLA LANDAU.

III. Akt, 2.Szene

(Schlafgemach des Sultans von Kairo. Kostbare Teppiche auf dem Boden. Eine bunte Ampel hängt von der Decke herab. Unter einem Baldachin von roter gestickter Seide im Bett der Sultan. Zu seinen Füßen ein schwarzer Page. Die Luft ist von Rosenduft erfüllt).

Sultan: Reibe mir die Füße, mein Page. Ich kann nicht einschlafen.
Page: Hören ist Gehorchen, o Hoheit.
Sultan: Welche Stunde ist es?
Page: Der Gebetsrufer hat noch nicht zum zweiten Male gerufen.
Sultan: Hast Du gehört, wie viel Todesurteile morgen zu unterzeichnen sind?
Page: Der Wesir sagte, dreihundert Todesurteile und zwei Begnadigungen.
Sultan: Es wird sehr ermüdend sein, so oft meinen Namen zu schreiben. Mir ist schon ganz schläfrig.
(Er schläft ein).

WASIF UND AKIF ODER DIE FRAU MIT DEN ZWEI EHEMÄNNERN 2.9
Nachtszene

Sprecher:
Ulrike Schloemer (Sultan)
Linda Guttkowski (Page)
Elmar Nettekoven (Akif)
Ulrich Klan (Wasif)
Aufnahme Sprecher: J. Rabanus, 2008

Musik: Ulrich Klan, aus der Bühnenmusik zu »Wazif und Akif«, 2004
Nova Ensemble, mit:
Mechiel van den Brink (Englisch Horn)
Prof. Susanne Achilles (Klavier)
Joachim Striepens (Bassklarinette)
Arabella Ristenpart (Violoncello)
Annkatrin Rothe (Schlaginstrumente)
Liveaufnahme der Uraufführung am 31.1.2008 in Wuppertal: Volker Staubes

2.9 *Page:* Auch mir fallen die Augen zu. *(Er schläft gleichfalls ein.)*

Akif: Komm herein, Bruder. Sie schlafen.

Wasif: Es ist ganz dunkel. Ich sehe nicht dein Gesicht. Was steht dort für ein kleines Haus?

Akif: Schwachkopf! Es ist das Bett des Sultans. Geh' hin und betrachte ihn.

Wasif: Ich wage es nicht. *(Man hört das Schnarchen des Sultans.)* Still. Was ist das? [...] Wenn man uns hier entdeckt, wird man uns wie ein geschlachtetes Huhn an den Galgen hängen.

Akif: Du fürchtest dich auch zu leicht, Wasif. Setz dich hier hin und sieh zu, was ich tun werde. [...]

(Am Bett des Sultans sitzend, weckt Akif den Herrscher, indem er vortäuscht, er sei der Page).

Sultan: Page, schläfst du?

Akif (mit verstellter Stimme): Hören ist gehorchen, o Herr. [...] Da Eure Hoheit nicht schlafen können, befehlt ihr vielleicht, daß ich Euch zum Zeitvertreib eine Geschichte erzähle?

Sultan: Erzähle, mein Page!

Akif: O König der Zeit, so vernimm und staune! In einem dir benachbarten Königreiche geschah dem Fürsten des Landes vor kurzem ein seltsames Abenteuer. Ein Räuber und ein Taschenspieler wetteiferten miteinander in Kühnheit und Gewandtheit. Der eine von ihnen, mit Namen Ferid, stahl einem Kaufmann im Basar einen Beutel Geldes. Statt den Beutel zu behalten, steckte er seinen Siegelring hinein und hängte ihn dem Kaufmann wieder um. So kam es, daß der Kaufmann, vor Gericht verklagt, ihm selber den Beutel aushändigen mußte. Der andere aber, mit Namen Haram, war so verwegen, daß er des Nachts sogar in den Palast des Sultans drang. Seinen Pagen, den er durch ein Schlafmittel betäubte, hängte er mit einem Seil an der Decke des Saales auf. Dann trat er an das Bett, um dem schlafenden Sultan die Sohlen zu streicheln, und erzählte ihm mit verstellter Stimme ein Märchen. Und der König war so töricht, daß er es gar nicht merkte, daß am Fuße seines Bettes nicht ein kleiner Page, sondern ein bärtiger Räuber stand. Welchen von beiden, o du Beherrscher der Gläubigen, hältst du wohl für den Geschickteren?

Sultan: Ohne Zweifel den Räuber, mein Page. Denn niemals würde es ein Sterblicher in meinem Lande zuwege bringen, lebend durch die Wachen der Offiziere und Eunuchen bis in meine Schlafkammer zu gelangen.

Akif: Schlafe wieder ein, o glücklicher Sultan! [...]

(Wasif und Akif verlassen den Palast unbemerkt).

Sultan (erwachend, reibt sich voll Verwunderung die Augen): Was? Was ist das? Träume ich denn? Da hängt ja mein Page an der Decke. Page!

Page (von der Decke herab): Hören ist Gehorchen, o Herr. Aber ich kann nicht! Helft mir! Meine Arme sind gefesselt.

Sultan (vor Wut schäumend, schlägt an ein kupfernes Becken an seinem Bett): Ich bin betrogen! Verhöhnt! Wache herein! [...]

2.10 DIE KIRCHEN

Musik: Elmar Nettekoven, 2003
Gesang, Gitarre: Elmar Nettekoven
Aufnahme: Jonathan Rabanus, 2008

Mit ihren Türmen, die stumm in den Himmel klagen,
Verschlossenen Toren, dahinter die Stille schweigt,
Liegen die greisen Kirchen und tragen
Finster ihr Alter über die Straßen geneigt.

Und in den Nischen, die schwarz und geheimnisvoll gähnen,
Um die der Pfeiler Skelette sich recken,
Siehst du die alten Heiligen lehnen
In dunklen Verstecken.

Die Heiligen mit ihren Herzen von Stein
Und verrostetem Gold; in deren Kronen die Spatzen allein
Sich Nester baun; über die Ruß und Regen läuft;
Die die Kinder der Straße mit Spott bespein,
Um deren Fuß der Schmutz der Hunde sich häuft.

2.10

Die armen Heiligen, die so im Dunkel schlafen,
Ich liebe sie ... vor deren steinernem Tor
Die Alten in unserer Kindheit Tagen sich trafen,
Vor denen die Menge die Ehrfurcht verlor.

Aus dem Kessel der Straßen steigt sprühender Dampf.
Aber der Kirchen Mund liegt zerschlagen,
Und aus der Stunde fieberndem Krampf
Grüßt sie mein Auge wehmutfroh:
Wie sie gewaltig im Tage der Städte ragen –
Leichname, denen die Seele entfloh.

2.11 WOLKEN

Musik: Konrad Hupfer, 2006
Ausführende:
Harald Martini (Bariton)
und das Nova Ensemble, mit:
Prof. Susanne Achilles (Klavier)
Joachim Striepens (Bassklarinette)
Markus Hufschmidt (Querflöte)

Liveaufnahme im Rahmen des Konzerts
am 31.1.2008 in Wuppertal: Volker Staubes

Nachts über der dunklen Stadt
Drängen Wolken in überstürzendem Tanz,
Vom Fluge über die Länder matt
Lasten sie rot wie nächtlicher Feuerglanz.

Ihre hängenden Bäuche streifen die Spitzen
Der Türme, die wie Sterne erblitzen.
Blasse Spiegel sind sie darüber gestellt
Und trinken den geifernden Schein

Der Laternen rotwangig in sich hinein.
Sie haben die finsteren Höfe erhellt
Und blickten in alle Fenster hinein,
In die schwarzen Gassen und Winkel der Pein.

Sie haben das Laster auf seinem Bett gesehen,
Den Mörder in dem bespritzten Gewand
Und mit dem Abglanz von vielem dunklen Geschehen
Drängen sie weiter in das finstere Land.

Und die Menschen, die nachts auf den Feldern stehen,
Und die im Dunkel über Wege irren,
Schrecken auf bei dem großen Schwirren
Der Wolken, die in blutschwangerem Zuge vorübergehen,

Und lesen mit ahnendem Blicke
Tod und Unheil in ihrem Fluge
Und des kommenden Tages böse Geschicke.

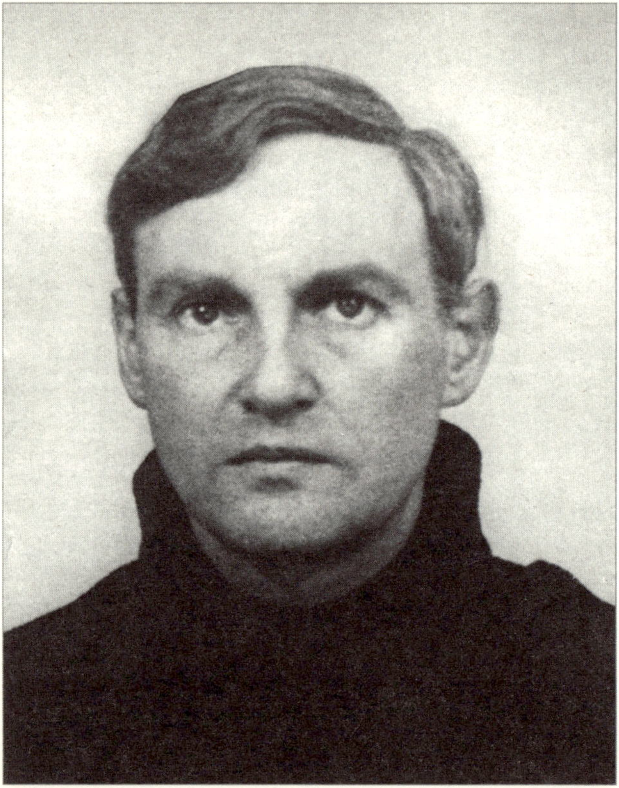

BRIEF AN HITLER

2.12

Sprecher: Elmar Nettekoven
Aufnahme: Jonathan Rabanus, 2008

Zur Textfassung siehe auch die Anmerkung beim Textnachweis.

Berlin, Ostermontag
11. April 1933

Herr Reichskanzler!

In Ihrer Bekanntgabe vom neunundzwanzigsten März des Jahres hat die Staatsregierung die Acht über die Geschäftshäuser aller jüdischen Mitbürger verhängt. Beleidigende Inschriften: »Betrüger! Nicht kaufen! Den Juden den Tod!«, gemalte Wegweiser: »Nach Jerusalem!« leuchteten an den Spiegelscheiben der Warenhäuser, Männer mit Knüppeln und Faustbüchsen hielten vor den Türen der Läden Wache, und zehn Stunden lang hat man die Hauptstadt zum Schauplatz der Belustigung der Massen gemacht. Dann, zufrieden mit dem Eindruck dieser höhnischen Maßregel, hob man das Verbot des Handels wieder auf und die Straßen zeigten ihr gewohntes Bild.

Aber ist, was nun folgte, nicht schlimmer? Jüdische Richter, Staatsanwälte und Ärzte werden aus ihren wohlverdienten Ämtern gestoßen, man sperrt ihren Söhnen und Töchtern die Schulen, treibt die Hochschullehrer von der Kanzel und schickt sie auf Urlaub, eine Gnadenfrist, die niemandem zweifelhaft sein kann, beraubt die Leiter von Schauspielhäusern, Schauspieler und Sänger ihrer Bühnen, die Herausgeber von Zeitungen ihrer Blätter, stellt ganze Handbücher über jüdische Dichter und Schriftsteller zusammen, um unter ihnen die Wächter der sittlichen Ordnung des Tages

2.12 zur Stummheit zu verurteilen, und statt in seinen Geschäften trifft man das Judentum dort, wo seine für die Gemeinschaft edelsten Werte ruhen, im Geist.

[...]

Gerechtigkeit war stets eine Zierde der Völker, und wenn Deutschland groß in der Welt wurde, so haben auch die Juden daran mitgewirkt. [...] Erinnern Sie sich, daß es Albert Einstein, ein deutscher Jude war, der Erschütterer des Raumes, der wie Kopernikus über sich in das All griff und der Erde ein neues Weltbild geschenkt hat! [...] Erinnern Sie sich, daß es Emil Rathenau, ein deutscher Jude, war, der die Allgemeine Gesellschaft zur Erzeugung des geheimnisvollen Stromes von Kraft und Licht in fremden Ländern zu einem Weltwerk machte! Haber, ein Jude war es, der wie ein Zauberer in seiner Kolbenflasche der Luft den Stickstoff entwand, Ehrlich, ein Jude und ein weiser Arzt, der mit seinem Heilmittel gegen die Lustseuche diese schleichende Krankheit in unserem Volke beschwor. Selbst jenes sechzehnjährige Mädchen, das auf den Wettkämpfen in Amsterdam mit ihrem anmutigen Degen den Sieg Deutschlands erfocht, war eine jüdische Jungfrau, die Tochter eines Anwalts, eben eines jener Anwälte, die man im Begriff steht, schimpflich von unseren Gerichtshöfen zu vertreiben. Erinnern Sie sich – ach, ich müßte Blätter füllen, wollte ich nur ihre Namen aufzählen, deren Fleiß, deren Klugheit für immer in unserer Geschichte verzeichnet stehen. [...]

Welches Verhängnis für jene, die das Land, das sie aufnahm, mehr liebten als sich selbst. [...] Welche unglückliche Liebe! Denn sie werden nicht glauben, daß Juden unser Land nicht zu lieben vermöchten, weil sie fremden Stammes sind. Haben sich nicht auch im deutschen Volk viele Stämme gemischt, Franken, Friesen und Wenden? War nicht Napoleon ein Korse? Kamen Sie selbst nicht zu uns aus einem Nachbarlande? [...]

Herr Reichskanzler, es geht nicht um das Schicksal unserer jüdischen Brüder allein, es geht um das Schicksal Deutschlands! Im Namen des Volkes, für das zu sprechen ich nicht weniger das Recht habe als die Pflicht, wie jeder, der aus seinem Blut hervorging, als ein Deutscher, dem die Gabe der Rede nicht geschenkt wurde, um sich durch Schweigen zum Mitschuldigen zu machen, wenn sein Herz sich vor Entrüstung zusammenzieht, wende ich mich an Sie: Gebieten Sie diesem Treiben Einhalt! Das Judentum hat die babylonische Gefangenschaft, die Knechtschaft in Ägypten, die spanischen Ketzergerichte, die Drangsal der Kreuzzüge und sechzehnhundert Judenverfolgungen in Russland überdauert. Mit jener Zähigkeit, die dieses Volk alt werden ließ, werden die Juden auch diese Gefahr überstehen – die Schmach und das Unglück aber, die Deutschland dadurch zuteil wurden, werden für lange Zeit nicht vergessen sein! Denn wen muß einmal der Schlag treffen, den man jetzt gegen die Juden führt, wen anders als uns selbst? [...]

An die Stelle des sittlichen Grundsatzes der Gerechtigkeit tritt die Zugehörigkeit zu [...] einem Stamm. [...] Von nun an aber wird auch der Untüchtige, der Gewissenlose sich sagen: nur weil ich nicht Jude bin, werde

2.12 ich dieses Amt bekleiden, mein Deutschsein genügt, ja, ich kann hinter seinem Schild vielleicht ungestraft eine üble Handlung begehen. [...] Die Unterscheidung des Guten und Bösen ist aufgehoben. [...]

Herr Reichskanzler, die Völker wie die Menschen kennen einander nicht, das ist ihr größter Mangel. [...] Sie berufen sich darauf, daß Deutschland sich in einer Notlage befinde, aber statt die Sache aller Unterdrückten zu führen, beruhigt man das Unglück eines Teiles des Volkes durch das Unglück des andern, ja, man gibt sogar zu, daß die Schuld der Juden zum Heile des Vaterlands notwendig sei! Doch es gibt kein Vaterland ohne Gerechtigkeit! [...]

Herr Reichskanzler! [...] Schützen Sie Deutschland, indem Sie die Juden schützen! [...] Führen Sie die Verstoßenen in ihre Ämter zurück, die Ärzte in ihre Krankenhäuser, die Richter auf das Gericht, verschließen Sie den Kindern nicht länger die Schulen, heilen Sie die bekümmerten Herzen der Mütter, und das ganze Volk wird es Ihnen danken. [...]

»Es gibt nur einen wahren Glauben«, ruft der weise Immanuel Kant aus der Gruft [...] Ihnen zu, »wenn es auch verschiedene Bekenntnisse geben mag.« Folgen Sie dieser Lehre, die Ihnen auch das Verstehen jener offenbaren wird, die Sie heute bekämpfen. Wahren Sie die Würde des deutschen Volkes!

LETTER TO THE GERMAN REICH CHANCELLOR ADOLF HITLER 2.12

Übersetzung: Silvia Samuelli, bearbeitet von Jeremy Gaines. Aus: Armin T. Wegner, Brief an Hitler. Peter Hammer Verlag, Wuppertal 2002, mit freundlicher Genehmigung des Verlages

Berlin, Easter Monday,
11 april 1933

Herr Reich Chancellor!

With your statement of 29 March of this year, the Government decreed that all Jewish citizens be forbidden to carry on with their commercial enterprises. Offensive inscriptions such as «Swindlers! Don't buy!», «Death to the Jews!», or painted signs stating «This way to Jerusalem!» appeared on shop windows. Men holding holding clubs and pistols held watch at the doors, and for ten hours the capital was turned into a venue offering amusement for the masses. Eventually, satisfied with the impression left by such derisive punishment, the prohibition was lifted and the streets returned to normal.

But is that which then followed not even worse? Jewish judges, public prosecutors and doctors are discharged from the positions they duly deserve, schools are closed to their sons and daughters, university teachers are chased from their lecterns and sent to leave – a concession which can rouse no suspicion – , theatre directors, actors and singers are driven from the stage, publishers are forbidden to issue their newspapers, entire manuals are compiled listing Jewish poets and authors in order to condemn to silence the guardians of moral order among them. And instead of touching

2.12 Jews in their business, we now encounter them at that place where the noblest values they offer the community are to be found: in the mind. [...]

Justice has always been a source of pride for all peoples; if Germany has become a great nation in the world, then this is also attributable to the Jews. [...] Do you not remember Albert Einstein, a German Jew, a scientist who revolutionized our notion of space, a man who like Copernicus devoted himself to the study of the universe and has given the earth a new image of the world? [...] Do you not remember Emil Rathenau, a German Jew, who turned the Allgemeine Gesellschaft that generated the mysterious energy that powers light in foreign countries into a world enterprise? And what of Haber, a German Jew who with his flask extracted nitrogen from the air? And what about Ehrlich, a German Jew and wise doctor who with his treatment defeated syphilis, a stealthy disease attacking our people? And what about the 16 year-old girl who won the World Championship in fencing in Amsterdam, gaining a victory for Germany, even that Jewish maiden, the daughter of an attorney, one of those we are now so shamefully attempting to expel from our courts. Do you remember all the people – and many would be the reams of paper I would fill to pen all their names – whose diligence and intelligence have forever left their mark on our history? [...]

How unfortunate for they who have loved the country that opened its borders to them, more so than they did themselves! [...] What wretched love! For you surely do not believe that Jews did not then love our country because they are of a foreign tribe. Is not the German people itself a mixture of countless tribes, of Franks, Friesians and Wends? Was not Napoleon a Corsican? Did not you yourself come to us from a neighboring country? [...]

Herr Reich Chancellor, it is not only a question of the fate of our Jewish brothers, the very fate of Germany is at stake! In the name of the people for whom I have the right and no less the duty to speak, like any other of the same blood, as a German who was not given the gift of speech in order then to become a silent accomplice and whose heart is pounding with indignation, I address you: Put a stop to all this! Judaism survived the Babylonian captivity, slavery in Egypt, the Inquisition in Spain, the misfortunes of the crusades, and 1600 pogroms in Russia. The same toughness that has allowed the Jews to survive as an ancient people, will help to overcome this danger, but the resulting shame and misfortune that will befall Germany will not be forgot for a long time! In fact who is going to suffer from the beating we are now inflicting to the Jews if not we ourselves? [...]

The moral principle of justice is now replaced by membership of a race, a tribe. [...] Yet henceforth any inept and unscrupulous person will be able to say to himself: «I can hold this office just because I am not a Jew, my being German is enough. And hiding behind this shield I may even get away with an evil deed.» [...] Distinction between good and evil has vanished. [...]

Herr Reich Chancellor, nations and individuals are estranged from each other, this is the worst evil. [...] You say that Germany is in a dire

2.12 state, but instead of defending the cause of all those oppressed, you are now attempting to assuage the suffering of one section of the population with the suffering of another; some even say that is necessary for the Jews to bear guilt for the salvation of the fatherland! Yet there is no fatherland without justice! […]

Herr Reich Chancellor! […] Protect Germany by protecting the Jews! […] Let those who have been banned from office return to their posts, send back the doctors to the hospitals, the judges to the courts, open the schools to the children, heal their mothers' grieving hearts and entire people will thank you. […]

«There is only one true faith», Immanuel Kant wisely admonishes you from the crypt where he has lain a hundred years, «even if there may be many different creeds». If you follow this doctrine you will be able to understand also those you are now fighting. Defend the dignity of the German people!

2.12 أرمين ت. فيجنر

Übersetzung: Rula Scheel, 2008 برلين,الفصح, 11 / نيسان / 1933

سيدي المستشار! في بيان لك من الثاني والعشرين من هذه السنه أصدرت الجمهوريه قرار فرض الحرمان على مصالح جميع المواطنين اليهود. كتابات الأهانه: خونه! عدم الشراء! الموت لليهود! أسهم مرسومه: الى القدس! برقت على الألواح الزجاجيه رجال بسلاح وبنادق يقفون حرسا أمام أبواب المحلات وكانت العاصمه لمدة عشر ساعات موقع لهو وسخريه وبعد ذالك, راضين عن هذا التدبير التهكمي, رفع قرار منع التجاره ثانية وعادت الشوارع الى صورتها الطبيعيه. ولكن هل ما عقب ليس بالأسوأ؟ قضاه يهود ومحاميين وأطباء أخرجوا من مناصبهم ومنع أولادهم وبناتهم من دخول المدارس, معلمي الجامعات العليا أبعدو عن منابرهم ويصرفون الى عطله سياحيه, أمهال قضائي, لا يشك فيه احد. أدارة المسارح تجرد من بيوت مسارحها, والممثل والمطرب يجرد من منصته, الناشر من أوراقه. تجمع كتب عن شعراء يهود وكتاب, لتجبر حراس النظام الأدبي المعاصر على السكوت, وبدلا من أن تلتقي اليهوديه بحوانيتهم, تجدها, هناك أين تسكن أنبل قيم الطائفه, بالفكر

[...]

العداله كانت دوما حلية الشعوب, ولو ان المانيا قد كبرت في العالم فقد ساهموا اليهود بذالك. [...]تذكر حضرتك ان ألبرت اينشتاين, كان يهوديا, هازز الفضاء, الذي كنظيره كوربانيكوس أدخل يده في الكون وأهدى الأرض صورة عالم جديده. [...] تذكر حضرتك أن أميل راتيناو, ألماني يهودي, الذي جعل شركة الكهرباء لخلق الكهرباء الغامض من الطاقه والضوء الى عمل عالمي في الدول الاخرى.هابر, يهوديا

2.12 كان الذي كالساحر قد سرق النيتروجين من الهواء في قارورته, ايرليش, حكيم يهودي رشيد, الذي بدوائه سيطر على هدا الوباء الدي تسحب الى شعوبنا, الوباء الجنسي. وكذالك تلك الفتاه البالغه من العمر ستة عشر عاما, التي جنت النصر لالمانيا في المباريات التي جرت في أمستردام بسيفها المليح كانت فتاه يهوديه, ابنه محامي, من هؤلاء المحامين الذين على وشك ان يطردوا بالاهانه من محاكمنا العدل العليا هل تتذكر حضرتك ـ آخ ـ لو أردت لملأت لك صفحات بأسماء أولئك الذين نشاطهم وذكائهم باقي الى الأبد مسجل بتاريخنا. [...]

أي شؤم هذا للذين أحبوا هذا الوطن الذي أواهم, أكثر من ذاتهم.[...] أي حب تعيس! فهم لن يصدقوا أن اليهود سوف لن يحبوا بلادنا لمجرد أنهم من سلاله أخرى. ولم تتجمع سلالات عديده بين الشعب الألماني, فرنك, أفريز وفندن؟ ألم يكن نابوليون كورسيكي؟ ألم تأتي حضرتك ألينا أيضا من بلاد مجاوره؟ [...]

سيدي المستشار, ألحديث ليس فقط عن مصير أخواننا اليهود فحسب بل عن مصير ألمانيا. بأسم الشعب من أجله لدي المسؤليه أكثر مما هو الحق ان أتحدث عنه, كأي فرد, تبين من دمه, كألماني, أهدت له هبه الخطاب لئلا يجعل نفسه من خلال سكوته مشارك في الذنب, عندما ينقبض قلبه من الأستياء والغضب, أتوجه اليك: أوقفوا هذه الأفعال! اليهوديه ما زالت على البقاء رغم الأسر البابلوني والعبوديه المصريه والزندقه الأسبانيه ورغم شدة الحملات الصليبيه وستة عشر مطارده في روسيا. بشدة التجلد هذه التي جعلت هذا الشعب يعيش طويلاً فسينجوا اليهود أيضا من هذا الخطر ـ ولكن الأهانه والبؤس, الذي هو بذالك من نصيب ألمانيا, سوف لن ينسى الى وقت

2.12 طويل! أذ من يجب أن تصيب الضربه, الموجهه الأن ضد اليهود, من غير نحن أنفسنا؟ [...]
مكان قواعد العداله الأخلاقيه تدخل التبعيه [...] الفصائليه[...] من الأن فصاعدا سيقول عديم الكفائه, عديم الضمير: فقط لأنني لست يهوديا, سوف أتولى هذا المنصب, فقط لكوني ألماني الأصل, نعم, فأنا أستطيع القيام وراء هذا الدرع بأعمال دنيئه. [...] سيلغى التمييز بين الخير والباطل.[...]
سيدي المستشار, الشعوب كما البشر يجهلون بعضهم البعض, وهذا هو عيبهم الكبير.[...] سيادتك تعتمد على ان الألمان في أزمه, ولكن بدل الدفاع عن جميع المظلومين, تعالج تعاسة طرف من الشعب بتعاسة الطرف الأخر, نعم, فالأعتقاد السائد بأن تذنيب اليهود ضروري لسلامة الوطن. ولكن لا يوجد وطن دون عداله! [...]

سيدي المستشار! [...] حافظوا على ألمانيا بحفاظكم على اليهود! [...] أرجعوا المطرودين الى مناصبهم, والأطباء ألى بيوت المرضى, والحكام الى محاكمهم.
لا تغلقوا أبواب المدارس عن الأولاد أكثر من ذالك, أشفوا قلوب الأمهات التعيسه, وسوف يدين لك الشعب بأكمله بالشكر. [...]
"يوجد فقط عقيده واحده", يصرخ لك أمانؤل كنت من قبره [...] " ولو تعددت المذاهب." أتبعوا هذه الموعظه والتي ستبوح لك بفهم ما أنت تحارب اليوم. حافظوا على كرامة الشعب الألماني!

2.12 מכתב אל היטלר

ברלין, יום שני שלאחר שבועות
11 לאפריל 1933

Übersetzung: Osama Zayed, 2008

אדוני הקאנצלר של הרייך, בהרשאתך מיום ה-29 במרץ שנה זו הטילה הממשלה איסור על כל עיסקיהם של האזרחים היהודיים. מודעות עולבות "בוגדים" "אסור לקנות" "מוות ליהודים" כמו גם חיצים מצוירים עם הכתובות "זו הדרך לירושלים" צוירו על חלונות הראווה. אנשים עם אלות ואקדחים שמרו על פתחי החנויות, ובמשך עשר שעות הפכה עיר בירה למוקד התהוללות להמון. רק אז, לאחר ששבעו נחת מן הרושם שהותיר אחריו החוק הגורף הזה, התבטל איסור המסחר, והרחובות שבו להתנהלותם המקובלת. אלא שהאם מה שבא בעקבותיו איננו גרוע יותר? שופטים יהודיים, עורכי דין, ורופאים מגורשים ממשרותיהם הראויות להם. נועלים בפני בניהם ובנותיהם את בתי הספר, משלחים את הפרופסורים מעמדותיהם לחופשה כפויה, על מנת שלא לעורר חשד, מבטלים לבמאים העסקת שחקנים וזמרים על בימותיהם, עוצרים עורכים מעיתוניהם, מפסיקים בהוצאות הספרים את העסקתם של סופרים ומשוררים יהודיים, על מנת להשתיק את הביקורת כנגד המהלכים התחיקתיים. וכיום במקום לפגוש את היהודים במקומות עיסוקיהם כשהם תורמים לחברה את ערכיהם הנעלים ניתן לפגשם רק ברוח.
[...] צדק היה תמיד מקור גאוותם של העמים, וכשגרמניה נעשית לעם גדול בעולם, גם היהודים היו שותפים לעשייה... התזכור? אלברט איינשטיין, היה יהודי גרמני שפיצח את סודות החלל, וכקופרניקוס העניק לעולם תודעה מחודשת של עולמנו? התזכור? אלברט באלין, היה יהודי גרמני שבנה את צי האוניות הגדול בקו למערב, ולשם שטה גם האוניה הגדולה בעולם בדרכה לחופש. באלין שלא יכול היה לשאת את החרפה שהטילו עליו הרשויות, נטש את מולדתו שכה העריץ

2.12 והתאבד. התיזכור? אמיל ראטנאו היה יהודי גרמני שהפך את החברה הגרמנית לחשמל לחברה עולמית המפיצה את אנרגיה מיסתורית של זרם חשמל כוח ואור ברחבי העולם? ... ואפילו אותה נערה בת שש-עשרה שנצחה בתחרות העולם בסיף באמשטרדם והביאה נצחון לגרמניה, הייתה נערה יהודיה, בתו של עורך דין, אחד מאותם שכיום מאימים לגרש מאולמות בתי המשפט והצדק שלנו [...]
התיזכור? אך - אצטרך למלא דפים, אם רציתי למנות את שמיהם, שקדנותם, פקחותם, אשר לעולם נרשמים בתולדותנו [...]
איזו גזרת גורל להם, אלו שאהבו את הארץ שקלטה אותם יותר מעצמם [...] איזו אהבה אומללה! שהרי לא יאמינו, שיהודים אוהבים את ארצנו, מפני שהם משבט אחר. הלא המזגו המון שבטים בין העם הגרמני? פראנקים, פריזים, וינדים? האין מוצאו של נפוליאון מקורסיקה? האם אתה עצמך לא הגעת מארץ שכנה?

אדוני הקאנצלר, לא מדובר רק בגורלם של אחינו היהודים, מדובר בגורלה של גרמניה כולה. אני פונה אליך בשם העם, שאני לא רק רשאי אלא גם מחויב לדבר בשמו. אני פונה אליך כגרמני, כמו כל אחד אחר מאותו הדם, שניתנה לו היכולת לדבר ואסור לו לשתוק ולהפוך לשותף שקט, אני פונה אליך כי לבי נקרע מחרדה: צווה על הפסקת הגירוש!!
היהדות שרדה את הגלות בבבל, העבדות במצרים, את האינקוויזיציה בספרד, את רדיפות מסעי הצלב ואת כמו גם את הפורגרומים במאה השש-עשרה ברוסיה.
אותה החיוניות שאיפשרה לעם הזה לשרוד ולהזקין, תעמוד לימינו גם בסכנה זו - אך החרפה והאסון שגרמניה תישא לא יעלמו לשנים רבות!
שכן מי ייפגע בסופו של דבר אם לא אנו בעצמנו הפוגעים כעת ביהודים? [...]
את מקומו של הצדק המוסרי הבסיסי ממלאת ההשתייכות השבטית [...] מעתה יאמר לעצמו כל עלוב-נפש

2.12 וחסר-מצפון: רק בגלל שאינני יהודי, אוכל למלא משרה זאת, עובדת היותי גרמני מספיקה ובהסתתרי מאחורי תואר זה אוכל לבצע כל משימה מבלי להענש. [...] ההבדל בין טוב לרע מאבד את תקפו [...]

אדוני הקנצלר, בני העמים אינם מכירים זה את זה, זה חסרונם העיקרי [...] הם מסתמכים על העובדה שגרמניה נמצאת במצב חרום, אבל במקום לתמוך במדוכאים, הם מחפים על אסונו של חלק מהעם באומללותו של החלק האחר, אכן הם אפילו מודים בכך שאשמת היהודים תורמת לשלמות המולדת! אולם אין מולדת ללא צדק! [...]

אדוני הקנצלר! [...] הגן על גרמניה בכך שתגן על היהודים! [...] החזר את המנודים למשרותיהם, את הרופאים לבתי-החולים, את השופטים לבית-המשפט, אל תסגור את בתי-הספר בפני הילדים, הרגע את ליבן של האמהות המודאגות וכל העם יודה לך [...]
״יש רק אמת אחת״, קורא אליך עמנואל קנט מקברו [...] ״גם אם יש אמונות שונות״. המשך את משנתו שתאיר לך את האמת שנגדה אתה נלחם היום. שמור על כבודו העצמי של העם הגרמני!

DAS LIED AUS DER BLUTIGEN STADT BERLIN, 1964

2.13

Sprecher:
Ulrike Schloemer (Die Mutter)
Elmar Nettekoven (Der Sohn)
Ulrich Klan (Erzähler)
Aufnahme: Jonathan Rabanus, 2008

I

Um Mitternacht erwacht die Mutter in ihrem Grabe.
Die alte Frau hat kein Antlitz. Ihre Knochen duften nach vertrockneten Blumen.
[…] »Ich hörte dich rufen, Sohn. Wo bist du?«

»In kahler Zelle liege ich, Mutter, auf harten Fliesen in der blutigen Stadt Berlin. […]
Blutstropfen schimmern im Schnee des Hofes – eine Schnur von Korallen.
Mein Blut ist es, das die Boten des Henkers vergossen haben.« –

»Sie schlugen dich?« – »Mit hartem Schlägel, Mutter.« – »Ist ihr Kleid rot oder schwarz?«
»Schwarz, Mutter, Totenköpfe tragen sie an den Mützen. Zur Trommel

2.13 Haben sie meinen Leib gemacht. Ihr Dröhnen drang bis in dein Grab. Davon erwachtest du. Schlafe wieder ein, Mutter!« –

Die Tote richtet sich im Sarge auf, Ihren knöchernen Fingern entfällt das Bündel welker Maiglöckchen.

[…]

[…] »Ich wache bei dir, Kind. Schlafe auch du bis es tagt!«

»Ich kann nicht, Mutter. Mein Rücken ist ein rohes Stück Fleisch.

[…]

»Leid ist süß wie die Liebe, Sohn. Auch der Heiland wurde geschlagen.« –

»Ich war ein Mensch, der arglos des Weges schritt, Mutter. Wenn ich nicht war wie er, warum muß ich sein Los erleiden?« –

»Weil du ohne Schuld bist, Sohn. Die Schuldigen erschrecken, wenn sie in den Augen der Schuldlosen

Ihr Antlitz erblicken. Sie erschlagen den Spiegel.« – »Still, Mutter, still!«

[…]

II

Um Mitternacht erwacht die Mutter in ihrem Grabe.

Sie ergreift den Strauß welker Maiglöckchen. […]

[…] »Warum weckst du mich zum zweiten Male?

Aus weiter Ferne hörte ich dich rufen, Sohn. Wo bist du?« –

»Vertrieben von Haus und Garten irre ich an ferner Meeresküste umher.
[…]
Nachts im Traum aber kehrt meine Seele zurück in die blutige Stadt Berlin.«
[…]

»Warum verstummst du, Sohn? […]« – »Mai ist es, Mutter.
Ein Mann und ein Mädchen kommen die Wiesen entlang. Zart leuchtet das Gesicht des Mädchens
Wie der junge Mond. Unter der vollen Brust des Flieders bleiben sie stehen.
[…] Die Blätter ihrer Lippen sind halb geöffnet.
Der Tau des Glückes schläft darauf.«
»Denkst du noch immer an das mondhafte Mädchen, Sohn?«
»Immer, Mutter, immer. […] Wohin, Mutter, auf der Straße der Einsamkeit, die rings um die Erde führt? Wohin?«
[…]

III
Um Mitternacht erwacht die Mutter in ihrem Grabe.
Das Kinn ist ihr auf die Brust gesunken. Hell schimmern im Kranz die Zuckermandeln der Zähne.
»Zum dritten Male störst du meinen Schlaf.
[…] Wo bist du, Sohn?« –
»Zurückgekehrt bin ich, Mutter, in die blutige Stadt Berlin.
Kreuze stehen auf den Hügeln der Häuser wie auf einem Friedhof.

2.13 Aus den Steinen grub ich ein Häuptchen Moos. Da stieg von seinen Flechten der Duft der Kindheit auf
Und schluchzte in meiner Kehle. Du erwachtest davon. Schlafe wieder ein, Mutter.«

»Tanzen, nicht schlafen will ich, Sohn! […]
Die Zeiger der Uhren sind von den Türmen gefallen.
Als Sieger kamst du. […]
Bist du nicht froh, Sohn, zu Hause zu sein?« – »Ein Fremdling bin ich
Auch hier, Mutter. Weder kennt mich die zerschlagene Laterne oder der verbrannte Baum,
Noch die Kröte im verlassenen Garten. Fortgezogen sind die Jungen, gestorben die Greise.

Im Ofen verbrannt die Gläubigen des uralten Gottes.
Knurrend hocken die Mörder im Verlies.« – »Denkst du noch immer an sie, Sohn?«
»Immer, Mutter, immer. Der Gute ist an den Bösen gebunden wie der Böse an den Guten.« […]
»So kamst du nicht als Rächer zurück?« – »Ich kam, um an deinem Grabe zu beten, Mutter.
Doch dein Grab liegt auf fremder Erde. Wo der Weg endet, steht eine Mauer aus Luft.« –
»Spring hinüber, Kind.« – »Die Mauer ist hoch, Mutter. Von der Erde

Ragt sie bis in den Himmel. Flintenschützen wachen davor.« –
»Ist ihr Kleid schwarz oder rot?!« – »Rot, Mutter.
An den Mützen tragen sie die Sicheln des Todes.« –

»So geh! Brich auf […], Sohn! Damit sie dich nicht in einen Kerker werfen,
Tiefer als der erste war.« – »Eine Insel weiß ich im fernen Meer […].« –
»Warum bliebst du nicht dort, Sohn, daß ich in Ruhe schlafen kann?« –
»Ja, Mutter, ja. Ich gehe, um nicht mehr zurückzukehren.«

Die Mutter hat sich im Sarge zurückgelehnt. Sie ist eingeschlafen.
[…] Die Finger umklammern das Bündel Maiglöckchen,
Das wieder zu blühen begonnen hat. Zwischen die Zuckermandeln der Zähne
Stiehlt sich ein Lächeln. […]

Der Sohn wendet sich noch einmal um. »Wo sind meine Gefährten?« Er blickt nach Osten, er blickt nach Westen.
Es schweigen die Mutter im Grabe, die zerbrochene Laterne, der verbrannte Baum.
Es schweigt die Kröte im Garten. Da errötet vor Scham in der Ebene
Die Morgenfrühe und der Himmel erbleicht wie ein Verräter über der regenblauen Stadt Berlin.

2.14 ALTER MANN AUF DER FEUERINSEL

Musik: »Il vecchio sulla isola del fuoco«, Nicolao Valiensi, 2004.
Ausführende: Banda Metafisica
Sprecher: Elmar Nettekoven
Aufnahme: J. Rabanus, 2004 und 2008

Stromboli

Wie schön ist der volle Mond –
der Nabel der Nacht,
wie sanft die Lende des Berges,
die ihn umschließt.
Wäre ich doch ein Riese
und könnte mich zu ihr legen.
Nach neun Jahren aber donnerte es
    in der Tiefe des Berges,
und eine Insel spränge aus ihrem
    Schoße in das Meer,
schelmisch und voller Heimtücke
    wie diese,
die wie ein Kind mit den Wellen spielt.

Alter Mann auf der Feuerinsel (I)

2.14

Früh am Morgen. Ich schlage die Augen auf.
Hinter der Stirn haben sich die Schwalben meiner Gedanken versammelt.
Jetzt treten sie aus meinen Augen, beginnen ihren Weg.

Wohin fliegen sie?
Goldblau steht der Himmel über dem Hof.
Ich streife meine Wanderhosen über.
Welchen Pfad werde ich gehen?
Die Sonne wetzt ihr Messer an den Steinen der Straße.
Ich lasse mich am Wegrand nieder, um zu schreiben.
Zwei Finger breit neben meinem Papierblatt
beginnt die Ewigkeit.

2.15 BILDNIS EINER STIMME CHANSON

Musik: Stefanie Sylla, 2006.
Gesang und Klavier: Die Komponistin
Aufnahme: Jonathan Rabanus, 2006

Text siehe 1.1, Seite 25.

DIE GESTOHLENE STIMME I 2.16

Sprecher: Elmar Nettekoven
Aufnahme: Jonathan Rabanus, 2008

[…] Nichts in der Welt ist größer als die Macht der menschlichen Sprache. Daß sie solche Kraft umschließen kann, geschieht, weil der äußeren Stimme die innere vorherging. Nur wo beide eine Einheit bilden, sind dem Menschen höchstes Glück, Vertrauen und wahre Herrschaft beschieden. Sobald die äußere Stimme jedoch mit der inneren nicht mehr sichtbar übereinstimmt, drohen ihm Entfremdung, Verhängnis und Leere. Das Unheimliche unseres heutigen Daseins beginnt deshalb dort, wo die menschliche Stimme sich von dem Munde, der sie spricht, loslöst, um über Straßen, Länder und Meere hinweg ihr eigenes Dasein zu führen. Denn zwischen den, der spricht, und den, der hört, schiebt sich nicht nur der Raum, sondern auch die zunehmende Macht der Geräte.

Von jeher suchen wir alles Tote, mit dem wir umgehen, zu verlebendigen. Deshalb hat der Mensch am Morgen seines Daseins im Märchen den Tieren und Dingen seiner ländlichen Umgebung Gesicht und Stimme verliehen. Die von ihm benutzten Geräte haben sich jedoch mit der Zeit so sehr von seinem Herzen entfernt, daß er sie nicht mehr zu vermenschlichen vermag. […] So begibt sich das Umgekehrte wie im Märchen, daß Ausdruck und Wort sich dem Gerät anpassen. Dem sagenhaften Geiste gleich, den ein mächtiger Zauberer in eine Flasche einschloß, übernimmt es die Aufgabe des Menschen, hört und spricht für ihn. […]

2.16 Wahlreden, Ankündigungen von Waren, Verdammungsurteile, Beschwörungen, Schmeicheleien, auf Tonbänder und Platten aufgenommen, in das Tausendfache vergrößert und vervielfältigt, begleiten statt des Schweigens oder der lebendigen Rede wie das Gekrächz eherner Papageien zu jeder Stunde den Weg des Volkes [...]. Von dem nie endenden Dröhnen der Stimmen aus der Luft betäubt, vermag die Menge die innere Stimme nur noch selten von der äußeren zu unterscheiden. [...] Hinter den Scheiben sieht das Volk die Vertreter und Helden des Bürgertums sich den neugierigen Blicken ihrer Wähler und Verehrer darbieten, [...] während draußen ihre Stimme aus dem Lautsprecher dringt. [...]

DIE GESTOHLENE STIMME II 2.17

Armin T. Wegner liest

Originalton Armin T. Wegner
Aufnahme: Südwestfunk 1954.

[…] Nur wenige Wochen weilte ich im Lande, als ich selbst hinter einer solchen Glaswand stehen sollte. Das Sendehaus einer westlichen Großstadt hatte mich eingeladen, eine Rede auf das Tonband zu sprechen. Zum ersten Male betrat ich nach Jahren das große Haus der Stimmen und Geister wieder. Niemand, der es nicht an sich selber erfuhr, vermag sich die Einsamkeit vorzustellen, welcher ein Redner überlassen ist, der die Menge nicht sieht, zu der er spricht. […] Hinter dem Glasfenster sah ich den Kopf des Aufsehers sich bewegen. Hier drehte sich in einem anderen Raum lautlos die Tonmühle, die meine Worte in unsichtbarer Geheimschrift auf dem Bande festhielt. Unnahbar davon geschieden saß der Sprecher allein. »Hört dich vielleicht niemand als du selbst?« fragte er sich verzagt. »Ist es das Nichts oder sind es Gott und die Ewigkeit, die dir lauschen?«

2.18 DIE GESTOHLENE STIMME III

Sprecher: Elmar Nettekoven
Aufnahme: Jonathan Rabanus, 2008

Nachdem die Rede beendet war, rief man mich, um mich meine eigene Stimme hören zu lassen. […] »Wer ist dieser Fremde, der da spricht?« dachte ich. »Was habe ich noch mit ihm zu tun?« Enttäuscht wandte ich mich ab. Jetzt hielt man das in rasender Geschwindigkeit herumgewirbelte Rad an, um mit der Schere ein Stück aus der Rede herauszuschneiden. Mich schauderte, als würde mir die Zunge durchschnitten.

Inzwischen hatte der Aufseher meine Rede zur Scheibe aufgerollt […] und schickte sich an, damit davonzugehen. Grauen erfaßte mich. Jemand hatte mir die Worte aus dem Mund gestohlen und eilte mit ihnen davon. »Gib mir meine Stimme wieder!« wollte ich ihm zurufen, wie Peter Schlemihl, dem man seinen Schatten entwendet hatte. […]

Meine Worte würden ihren eigenen Weg in die Welt nehmen und mir war, ich könnte gewahr werden, wie sie in fremden Städten und Gassen umherliefen. »So gehe denn hin, Stimme«, dachte ich, »wie es dir bestimmt ist. […] Und auf einmal streckte ich hoffnungsvoll die Arme der davoneilenden Stimme nach: »Gehe dahin und tue dein Werk im Guten! Sei gesegnet, Stimme!« rief ich. »Der, der spricht, und der, der hört, wir sind beide einsam.« […]

DIE GESTOHLENE STIMME IV 2.19

Armin T. Wegner liest

Originalton Armin T. Wegner
Aufnahme: Südwestfunk 1954. © SWR.
Mit freundlicher Genehmigung des SWR.

Ich hatte das Sendehaus verlassen und war auf die Straße getreten. Noch erfüllt von dem, was ich gesprochen hatte, betrat ich den Park in der Stadt und ließ mich auf einer Bank nieder. »Wo seid ihr alle?« durchfuhr es mich, indem ich an jene dachte, zu welchen ich gesprochen hatte. Aber es gab sie gar nicht. Nur Dunkel umschloß mich unter dem Sternenhimmel.

Wenn aber nach Wochen oder Monaten, vielleicht nach meinem Tode, meine einbalsamierte Stimme aus dem Schlaf erweckt wird, steht mir bei; denn ich und ihr, wir sind eins. Mein sind die Worte, aber die Zeit steht bei euch.

So sprecht doch! [...]

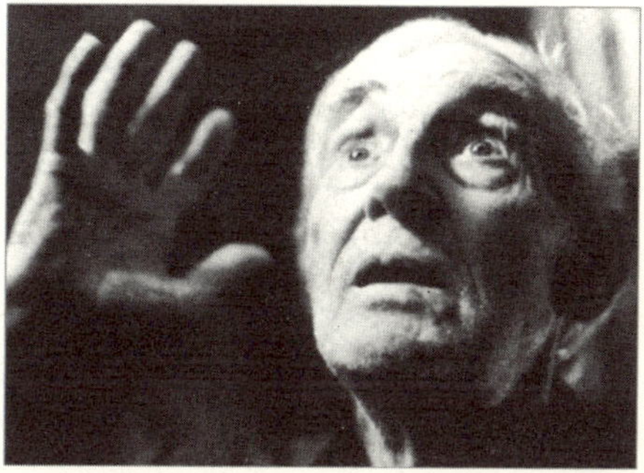

TEXTNACHWEISE

1.1, Bildnis einer Stimme. Aus: *Fällst du, umarme auch die Erde oder Der Mann, der an das Wort glaubt*. Wuppertal: Peter Hammer Verlag, 1974. S. 10.

1.2, Aufbruch. Aus: *Die Straße mit den tausend Zielen*. Dresden: Sybillen Verlag, 1924. S. 11f.

1.3, Ich gehe durch Jerusalem. Aus: *Am Kreuzweg der Welten. Eine Reise vom Kaspischen Meer zum Nil*. Berlin: Volksverband der Bücherfreunde, Wegweiser Verlag, 1930. S. 337ff.

1.4, Ich weiß nicht, was du unter Gott verstehst. Aus: *Am Kreuzweg der Welten*. S.197f.

1.5, Der Riese Landschaft. Aus: *Die Straße mit den tausend Zielen*. S. 29.

1.6, Die Gurgel der Welt. Aus: Am *Kreuzweg der Welten*. S. 24-32.

1.7, Ava. Aus: *Das Antlitz der Städte*. Berlin: Egon Fleischel & Co., 1917. S. 37.

1.8, Die Beiden. Aus: *Das Antlitz der Städte*. S. 35.

1.9, Ich habe das Seil meiner Seele. Als Abschnitt V des Zyklus »Der Hölle Brautgesang«, aus: *Die Straße mit den tausend Zielen*. S. 143.

1.10, Alte Plätze. Aus: *Das Antlitz der Städte*. S. 10.

1.11, Den Eseln Stambuls. Aus: *Im Hause der Glückseligkeit*. Dresden: Sybillen Verlag, o. J. (1920), S. 23-25.

1.12, Der Sturm auf das Frauenbad. Aus: *Der Knabe Hüssein. Türkische Novellen*. Dresden: Sybillen Verlag, 1921. S. 201-233.

1.13, Störche über dem Bosporus. Aus: *Die Straße mit den tausend Zielen*. S. 39.

1.15, Ein Vermächtnis in der Wüste. Offener Brief an den Präsidenten der Vereinigten Staaten von Nordamerika [sic!], Woodrow Wilson, über die Austreibung des armenischen Volkes in die mesopotamische Wüste. Erstabdruck in: *Berli-*

ner Tageblatt, 23.2.1919. Abdruck nach dem gleichnamigen Sonderdruck, Berlin-Schöneberg: Albert Seyffaerth, 1919.

1.16, Die Austreibung der Menschheit. Aus: *Die Straße mit den tausend Zielen*. S. 82f.

2.1, Der Ruf. Aus: *Fällst du, umarme auch die Erde*, S. 23. Gegenüber der ursprünglichen Fassung »In der Frühe« aus dem Buchteil »Hinterm Pfluge« (von 1905/1906) in Wegners *Zwischen zwei Städten* (Berlin: Egon Fleischel & Co., 1909, S. 51) weichen hier die vierte und fünfte Strophe und die Interpunktion deutlich ab.

2.2, Der Ankläger – Menschenrecht. Aus: *Der Ankläger. Aufrufe zur Revolution*. Berlin: Verlag Der Syndikalist, Fritz Kater. 1921, S. 11f.

2.3, Tod der Presse. Aus: *Der Ankläger*. S. 8.

2.4, Das Warenhaus. Aus: *Das Antlitz der Städte*. S. 11.

2.5, Dich meine ich. Aus: *Der Ankläger*. S. 45.

2.7-2.9, *Wasif und Akif oder Die Frau mit den zwei Ehemännern. Ein türkisches Puppenspiel in 8 Bildern*. Von Armin T. Wegner und Lola Landau. Berlin: Oesterheld, 1926.

2.7, Titel, Figuren, Schauplatz *Wasif und Akif* ..., S. 21.

2.8, (Auszüge), S. 21f.

2.9, Nachtszene III. Akt, S. 33f.

2.10, Die Kirchen. Aus: *Das Antlitz der Städte*. S. 15.

2.11, Wolken. Aus: *Das Antlitz der Städte*. S. 102.

2.12, Brief an Hitler. Aus: *Fällst du, umarme auch die Erde*. S. 186-195.

Der Originalbrief ist verschollen. Der Eingang des Schreibens »vom 20. vor. Mts.« wurde am 8. Mai 1933 von der Kanzlei Adolf Hitlers im Auftrag von »Herr[n] [Rudolf] Heß« von [Albert] »Bormann« bestätigt: »Das beigefügte, für den Führer bestimmte Schreiben wird diesem, sobald sich eine Gelegenheit findet, vorgelegt werden.« (Vgl. Reproduktion in Wegner: *Fällst du, umarme auch die Erde.*) Johanna Wernicke-Rothmayer dokumentiert in Armin T. Wegner, *Gesellschaftserfahrung und literarisches Werk* (Frankfurt a. M./Bern 1982) das Autograph, das dem tatsächlichen Wortlaut am nächsten kommen dürfte. Wegner hat nach dem Krieg eine retuschierte, sprachlich-stilistisch überarbeitete Fassung zum Druck freigegeben. Die Textgestalt folgt zwar auch hier dieser unter dem Titel »Die Warnung« bekannten Version. Bewusst wurde jedoch erstmals auf Passagen verzichtet, die Wegner offensichtlich erst später, im Wissen um den Holocaust und den Krieg, hinzugefügt hat und die den »prophetischen« Eindruck noch einmal verstärken.

2.13, Lied aus der blutigen Stadt Berlin, 1964. Aus: *Fällst du, umarme auch die Erde*. S. 119-125.

2.14, Stromboli, Alter Mann auf der Feuerinsel. Aus: *Odyssee der Seele. Ausgewählte Werke*. Hrsg. von Ronald Steckel. Wuppertal: Peter Hammer Verlag, 1976. S. 346f.

2.15, Bildnis einer Stimme. Aus: *Fällst du, umarme auch die Erde*. S. 10.

2.16, Die gestohlene Stimme I. Aus: *Welt der Arbeit*, Nr. 43, 22. Oktober 1954.

2.17, Die gestohlene Stimme II, Originalton Armin T. Wegner, in: Gleichnamiger Hörbeitrag des Autors im Südwestfunk, 4. Juni 1954 (mit freundlicher Genehmigung des SWR).

2.18, Die gestohlene Stimme III. Aus: *Welt der Arbeit*, a. a. O.

2.19, Die gestohlene Stimme IV, Originalton Armin T. Wegner, a. a. O. (mit freundlicher Genehmigung des SWR).

BILDNACHWEISE

Wir danken den Inhabern der Bildrechte für ihre freundliche Druckgenehmigung. Alle Fotos von A. T. Wegner, sofern nicht anders bezeichnet: © Wallstein Verlag.

S. 4: Bundespräsident Johannes Rau, Wuppertals Oberbürgermeister Dr. Hans Kremendahl und Ulrich Klan. © Andreas Fischer, 2003.

S. 5: Armin T. Wegner, fotografiert in Bagdad von Heinz G. Wegner, 1916. Aus: Albert Soergel, *Dichtung und Dichter der Zeit. Eine Schilderung der deutschen Literatur der letzten Jahrzehnte.* 6. Auflage 1926.

S. 14: Ricarda Huch auf dem Schriftstellerkongress in Berlin am 5.10.1947. Auf dem Gedenkstein irrtümlicherweise auch der Name A. T. Wegners.

S. 24: Zeichnung von H. Avenarius, 1912. Aus: Albert Soergel, a. a. O.

S. 33: Als Gymnasiast, etwa 1907.

S. 40: Ankunft in Ägypten, 1929.

S. 52: Sibylle Stevens mit A. T. Wegners armenischem Kinderschuh, 2004. © Ulrich Klan.

S. 57: Die Vertreibung der Armenier. Ort und Jahr unsicher; von A. T. Wegner verwendet.

S. 64, 72, 80, 86: Fotos: A. T. Wegner bzw. ihm zugeschrieben, 1915/1916.

S. 64: Eine Familie Deportierter.

S. 72: Lager in der Wüste.

S. 80: Der Zug in die Wüste.

S. 81: A. T. Wegner in Tsitsernakarbert, dem Monument und Museum für die Opfer des Völkermords am armenischen Volk, Jerewan 1968.

S. 84: Tsitsernakarbert, Innenraum. Foto: www.24April1915.com

S. 86: Die Todeskarawane.

S. 89: Zeichnung von Ludwig Meidner für die Erstausgabe von *Der Ankläger* im Verlag Der Syndikalist, 1921. © Ludwig Meidner-Archiv, Jüdisches Museum der Stadt Frankfurt am Main.

S. 93: Wegner als Hafenarbeiter in Marseille, 1910.

S. 99: Kaufhaus Tietz, Berlin, 1910.

S. 101: Der expressionistische Dichter, um 1912.

S. 102: A. T. Wegner mit seiner ersten Frau, der Schriftstellerin Lola Landau, 1928.

S. 103: Titel und Figuren eines US-amerikanischen Trickfilm-Projekts. Illustration: Addis Zaryan. © Arbor Entertainment.

S. 108: Titelmotiv der Ausgabe von 1927.

S. 116: A. T. Wegner während seiner Zeit im Konzentrationslager, 1933.

S. 136: A. T. Wegner in einem arabischen Hirtengewand auf seinem Haus »Casa dette venti« auf Stromboli, 1960.

S. 138: A. T. Wegner, 1967.

S. 143: A. T. Wegner mit 90 Jahren, 1976 in Rom. Foto: Wilfried Bauer.

S. 144: Zeichnung von Emil Stumpp, datiert: »Königsberg, 4.2.1926«. Aus: *Emil Stumpp. Ein Zeichner seiner Zeit*. Dietz Nachf., Berlin und Bonn, 1988. © Emil-Stumpp-Archiv, Gelnhausen.

S. 150: Oben links Muyisa Mbasa, 2006. © Haik Dawidian-Stoltz. Oben rechts Andreas J. Leep (Russolo-Intonarumore), Christian Stritzel (Theremin), Martin Stürtzer (Electronics) bei der Uraufführung von »Dich meine ich« (> 2.6) am 6.12.2003. © Uli Klan. Unten: Das Wuppertaler Klaviertrio (U. Klan, A. Hinger, R. Dißelmeyer) mit Gevorg Dabaghyan am 24.5.2008. © Gerhard Bartsch.

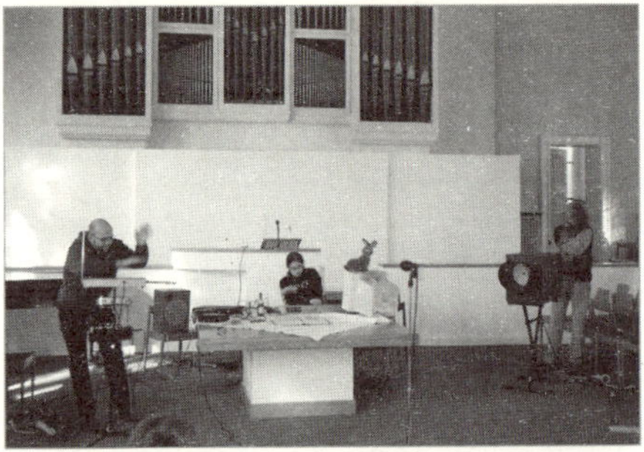

SprecherInnen

Elmar Nettekoven

Schauspieler, Rundfunksprecher, Dramatiker und Liedermacher. Geboren in Köln, wo er auch die Schauspielschule absolvierte. Engagements an verschiedenen Bühnen, u. a. am Schauspielhaus Bochum, bei den Ruhrfestspielen und am Berliner Ensemble, bei Rundfunk- und TV-Sendern. Eigene Lieder- und Balladenprogramme – etwa der erfolgreiche Balladenabend *Die Geister, die ich rief*. Erfolgreiche Dramen, so *Die Unterirdischen*.

Ulrike Schloemer

Schauspielerin und Regisseurin. Geboren in Beelitz (Brandenburg). Schauspielschule in Berlin. Engagements an den bedeutendsten deutschen Bühnen, u. a. Schaubühne Berlin, Deutsches Theater Berlin, Hamburger Schauspielhaus, Staatstheater Darmstadt, Schauspielhaus Bochum. Film- und TV-Rollen. Eigene Inszenierungen und Soloabende. Ihr erfolgreicher Else Lasker-Schüler-Abend *Was soll ich hier* gilt als Theaterereignis.

Linda Guttkowski

Geboren in Wuppertal. Zum Zeitpunkt der Aufnahme noch Schülerin der gymnasialen Oberstufe der Gesamtschule Else Lasker-Schüler in Wuppertal.

Ulrich Klan

Siehe KomponistInnen

KomponistInnen

George Dreyfus

Bedeutendster Gegenwartskomponist Australiens; Musiker. Geboren in Elberfeld, entkam er dem Holocaust mit einem der letzten jüdischen Kindertransporte nach Melbourne. Filmmusiken, Opern (*Rathenau*, *Marx Sisters*, *The Takeover*), Sinfonien u. a. Orchesterwerke, Kammermusik, Lieder. Antizipierte die so genannte Weltmusik, u. a. mit seinem »Sextett für Didgeridoo und klassisches Bläserquintett« (1971).

Armine Ghuloyan

Pianistin, Komponistin, Musikpädagogin. Geboren in Abovian (Armenien), studierte sie Klavier und Komposition in Jerewan. Konzerttätigkeit in der Sowjetunion und in Russland, in Armenien und in Deutschland. Rundfunk- und TV-Auftritte. Orchesterwerke, Kammermusik, Lieder.

David Haladjian

Komponist, Pianist, Chorleiter und Musikpädagoge. Geboren in Jerewan (Armenien). Studierte Komposition und Klavier in Jerewan und Riga. Arbeit beim Armenischen Rundfunk. Studien der Computermusik in der Schweiz. Internationale Konzerttätigkeit. Rundfunk- und TV-Auftritte. Werke für diverse Gattungen, die in vielen Ländern aufgeführt werden.

Konrad Hupfer

Komponist, Pianist, Lehrer für Musiktheorie und Komposition. Geboren in Wuppertal. Studium an der Folkwang Hochschule Essen. Werke für verschiedene Besetzungen, Musiktheater für Stimmen, Schauspieler, Tänzer, Licht und Klang, z. B. *Der Schwarze Blick*. Aufführungen und Produktionen in zahlreichen Städten, beim WDR, NDR, RB und SR.

Ulrich Klan

Komponist, Musiker, Autor, Pädagoge. Geboren in Hof/Saale. Werke für verschiedenste Besetzungen, Bühnen- und Filmmusiken, Lieder und Liedzyklen. Mitbegründer langjähriger freier Ensembles: »Fortschrott – Musiksatire« (WDR-Preisträger), »Duo Dada« und »Wuppertaler Klaviertrio«. Konzerte und Tourneen in Europa und im Nahen Osten. CD-, Buch- und Essayveröffentlichungen. Initiator internationaler Musik- und Verständigungsprojekte wie *Europe meets Australia* und *Picture of a voice*.

Andreas J. Leep
Musiker, Komponist, Initiator von Klangprojekten und »Acoustic Land Art«. Geboren in Wuppertal, studierte er Klassische Gitarre, Musikgeschichte, Jazz, Free Jazz und Improvisation. Klanginstallationen – u. a. mit »sehr langen Saiten«, von ihm neu entwickelten oder von ihm neu belebten Instrumenten wie dem historischen Intonarumore des Futuristen Russolo. Kooperationsprojekte mit Dichtern, Rezitatoren, Tänzern und bildenden Künstlern.

Elmar Nettekoven
Siehe SprecherInnen.

Muyisa Mbasa
Rap-Musiker. Künstlername »Nkozi«. Geboren in Chicago, aufgewachsen im Kongo, Abitur in Deutschland. Jura-Studium in Mainz. Eigene *beats* und *performances* seit früher Jugend. Seine Raps zur Sprache von Exil-Dichtern sind auch außerhalb der Hip-Hop-Szene erfolgreich. Sein *Warenhaus*-Rap erklang erstmals auf dem Festakt der Stadt Wuppertal zur Einweihung der Büste Armin T. Wegners 2006. Mit seinem Ensemble »Lopango ya Banka« (Haus der Ahnen) veröffentlichte er 2008 sein erstes CD-Album *Kongo Bololo*. Projekte mit amnesty international, Hip-Hop-Projekte mit Jugendlichen.

Dr. Hassan Mokhlis
Geboren in Oujda (Marokko), mehrsprachig, multinational, multikulturell und Multiinstrumentalist (Oud, Gitarre, Mandoline …). Lebt seit 30 Jahren in Europa, 22 davon in Deutschland als

Musiker, Lehrer und Übersetzer, Komponist und Produzent. CD-Veröffentlichungen: *Moulana* (Kifkif-Projekt), *Nostalgie/Hanîn*, *Maroc mon amour*. In Vorbereitung sind die CDs *Andalus Blues*, *Nizâriât* und *Maqâm*.

Nicolao Valiensi

Komponist, Ensembleleiter, (Jazz-)Musiker. Geboren in Camporgiano (Italien), studierte er an der Musikhochschule Köln. Die Tradition der italienischen »Banda« setzt er in dritter Generation mit eigenen, neuen Tönen fort. Werke für diverse Besetzungen, u. a. Ballettmusik. Gründer und Leiter der »Banda Metafisica«, eines interkulturellen Ensembles aus 15 professionellen MusikerInnen. Konzerte in ganz Europa, auf Festivals, in der Kölner Philharmonie und anderen Konzertsälen.

Charli Rothman

Disponentin, Musikerin, komponiert seit dem 15. Lebensjahr. Geboren in Frankfurt am Main. Gründerin des interkulturellen Musikensembles »Saitensprung«. CDs mit eigenen Liedern.

Christian Stritzel

Musiker, Rezitator, Sound-Tüftler. Virtuose auf dem Theremin, dem im frühen 20. Jahrhundert entwickelten Antennen-Instrument. Geboren in Wuppertal. Freie Theaterprojekte. Produktion von Sprach-Klang-Aktionen, u. a. mit Texten des Expressionismus, etwa von August Stramm, Armin T. Wegner und Johannes R. Becher.

Martin Stürtzer

Pianist, Organist, Elektroniker, Musikpädagoge. Geboren in Wuppertal. Entwickelt elektronische und instrumentale Sounds. Improvisation und interdisziplinäre Performances.

Stefanie Sylla
Musikerin, Komponistin, Musikpädagogin. Geboren in Berlin, studierte sie nach dem Musikgymnasium zeitweilig Jazz-Violine, Gesang und Klavier an der Musikhochschule Arnheim (Niederlande). Seitdem Selbststudium in Musik und Musiktherapie, u. a. bei Musikmeistern in Indien. Kompositionen für diverse Besetzungen. Eigene Lieder, Liedzyklen und CDs. Mitbegründerin von Tagtigall – Zentrum für Musikprojekte, -produktion und ganzheitlichen Musikunterricht in Berlin.

MusikerInnen / Ensembles

Aygün Ismet Bakır
Musiker und Informatiker. Geboren in Sivas. Ausbildung an der anatolischen Langhalslaute Bağlama und als Sänger seit frühester Kindheit. Konzerttätigkeit als Solist und in diversen Ensembles sowie interkulturellen Projekten, z. B. den bundesweiten Ausstellungen *Asyl Türkei* (Die Türkei als Zuflucht für Flüchtlinge aus NS-Deutschland) und *Feindbilder* von amnesty international.

Banda Metafisica
Ensemble für Blas- und Schlaginstrumente im italienischen Banda-Stil. Die hier Mitwirkenden: Nicolao Valiensi (Leitung, Euphonium), Andrea Gellert (Klarinette), Joachim Gellert (Tuba), Frank Köllges (Schlagzeug), Annette Maje (Klarinette), Udo Moll (Trompete), Angelika Sheridan (Querflöte), Karl Thiessen (Posaune), Georg Wissel (Klarinette).

Gevorg Dabaghyan
Internationaler Musiker, Virtuose der Duduk (armenische Schalmei) und Professor an der Musikhochschule in Jerewan (Armenien), wo er geboren ist und studiert hat. Preisträger »Grand Prix for Best Eastern National Instrumentalists« in Dyushanbe (Azerbaijan), emanzipier-

te er das armenische Nationalinstrument Duduk auch in westlichen wie östlichen Konzertsälen sowie in der Begegnung mit Klassik und Neuer Musik. Konzerte auf vier Kontinenten, u. a. mit Gidon Kremer, Juri Bashmet, Yo Yo Ma (silk road project), Charles Aznavour und dem Ensemble Modern. Er gilt als der weltweit vielseitigste, beste Duduk-Musiker der Gegenwart und spielte zahlreiche CDs und weltbekannte Filmmusiken ein.

Kantorei Barmen-Gemarke

1946 als Chor der evangelisch-reformierten Gemeinde Barmen-Gemarke am Ort der legendären Barmer Erklärung in Wuppertal gegründet durch Helmut Kahlhöfer. Seit 1993 wird das renommierte Laien-Ensemble von Wolfgang Kläsener geleitet.

Kettwiger Bach-Ensemble

1984 in Essen-Kettwig von Wolfgang Kläsener gegründet. Schwerpunkte sind a-capella-Werke aus allen Epochen, insbesondere Musik von Johann Sebastian Bach und Francis Poulenc. Der renommierte Laienchor errang zahlreiche Chorpreise.

Aslı Dila Kaya

Preisträgerin des NRW-Landeswettbewerbs »Jugend musiziert« 2008 auf der Bağlama. Geboren in Wuppertal. Zum Zeitpunkt der Aufnahmen war sie noch Schülerin der gymnasialen Oberstufe der Gesamtschule Else Lasker-Schüler in Wuppertal.

Fatma Kızay

Turco-arabische Sängerin, Lehrerin. Geboren an der türkisch-syrischen Grenze, wuchs sie bereits als Kind mit zwei Kulturen auf. Großes Repertoire türkischer, azerbaidschanischer und arabischer Lieder. Abitur und Studium der Erziehungswissenschaften in Adana, dann Übersiedelung in die dritte Kultur nach

Deutschland. Pädagogin an einer Gesamtschule. Die gefragte Konzertsängerin tritt insbesondere für Projekte der Völkerverständigung auf – regelmäßig z. B. mit dem Interkulturverein Mosaik e. V. in Düsseldorf.

Nova Ensemble

Langjähriges Ensemble für Neue Musik. Die professionellen MusikerInnen aus Deutschland, der Schweiz und den Niederlanden haben nicht nur ein großes gemeinsames Repertoire – ihr hervorragender Ruf führt, wie in vorliegender Produktion, zu immer neuen Uraufführungen. Die hier Mitwirkenden: Prof. Susanne Achilles (Klavier), Mechiel van den Brink (Englisch Horn), Markus Hufschmidt (Flöten), Harald Martini (Bariton), Arabella Ristenpart (Violoncello), Annkatrin Rothe (Schlaginstrumente) und Joachim Striepens (Klarinetten).

Saitensprung

Interkulturelles Ensemble aus deutschen, türkischen und arabischen Laien- und Profi-MusikerInnen. Aus einer 1983 von Charlotte Rothman gegründeten Gruppe wurde ab 1993 die vorliegende Formation, die als eines ihrer Ziele formuliert, »über das Medium Musik religiöse und kulturelle Grenzen zu überwinden und Brücken zueinander zu bauen«. Auszeichnung mit dem Kulturförderpreis der Stadt Dietzenbach 2007. CD-Veröffentlichungen: *Müzikal Yolculuk / Musikalische Reise* (2000) und *Cantara* (2006).

Mitwirkende: Nicole Becker (Gitarre), Hüseyin Firat (Saz), Charlotte Rothman (Gesang, Gitarre, Komposition und Arrangement), Dr. Holger Liedtke (Gitarre), Horst Schäfer (Banjo), Stefan Steinheimer (Querflöte, Mandoline), Dr. Hassan Mokhlis (Darbuka, Oud, Mandoline, Tabla).

Ismet Tezcan
Sänger und Bağlama-Virtuose. Geboren in Saribahce/Adana. Ausbildung als Musiker seit früher Kindheit. Zahlreiche Solo- und Gruppenkonzerte in der Türkei und in Deutschland. Rundfunk- und TV-Auftritte in deutschen und türkischen Sendern. Interkulturelle Projekte, z. B. *Brückenzauber* (Bergische Expo 06) und *Picture of a voice*.

Wuppertaler Klaviertrio
Neben dem klassischen Repertoire dieser Besetzung hat das »singende Klaviertrio« auch Vokales im Programm, in eigenen Arrangements vom internationalen Chanson und Kunstlied bis zur Neuen Musik. Schwerpunkt sind Werke russischer und kaukasischer KomponistInnen. Von dem zeitgenössischen Komponisten Vache Sharafyan realisierte das Trio als europäische Erstaufführung 2008 *The Sun, the Wine and the Wind of Time*, zusammen mit Gevorg Dabaghyan.

Die Musiker: Anja Hinger (Violoncello), Robert Dißelmeyer (Klavier), Ulrich Klan (Violine, Gesang).

Ensemble Yusuf
In diesem variablen Interkultur-Ensemble für musikalische Gegenseitigkeit begegnen sich seit 2003 deutsche, türkische, kurdische, armenische und andere MusikerInnen. Kandidat für den deutschen Creole Weltmusikpreis 2007.

Bei *Picture of a voice* wirkten mit: Aygün Ismet Bakır (Bağlama), Gevorg Dabaghyan (Duduk), André Enthöfer (Bassklarinette), Anne Heyens (Gitarre), Ulrich Klan (Violine, Viola, Gesang), Ulrich Merkens (Kontrabass).

UNSER DANK …

… gilt allen Menschen, die dieses Projekt mit ihrem Engagement ermöglichten. Allen voran verneigen wir uns in Dankbarkeit vor dem verstorbenen Bundespräsidenten Johannes Rau, der Armin T. Wegner noch selbst kennen und schätzen lernte und als Schirmherr half, *Picture of a voice* auf den Weg zu bringen.

Wir danken insbesondere der Arbeitsgemeinschaft Literarischer Gesellschaften und Gedenkstätten (ALG) und dem Kulturbüro der Stadt Wuppertal: Ohne sie wäre dieses Hörbuch nicht möglich gewesen. Weiter danken wir für die Förderung von Einzelkonzerten, für Rat und für Hilfe zahlreichen Institutionen und Einzelpersonen, darunter der Kunststiftung NRW, dem Kultursekretariat NRW, dem NRW Landesprojekt »Soziale Stadt«, dem Kulturamt der Stadt Köln, dem Domforum Köln, der Diözese der Armenischen Kirche in Deutschland, dem türkisch-deutschen Menschenrechtsverein TÜDAY, dem Armenisch-Akademischen Verein 1860, den Kindern Armin T. Wegners, Sibyl Stevens (Wroxham) und Michele Wegner (Rom), Dr. Zaven Khatchaturian, dem Vorsitzenden der Armin T. Wegner Society of USA, Hasmik Papian und Konrad Kuhn (Jerewan/Wien), Henry Schneider (Stadtbibliothek Wuppertal), Familie Martinian (Wuppertal) und Anneliese und Hartmut Stielow.

Begleitheft zur Doppel-CD *Armin T. Wegner. Bildnis einer Stimme.*
Dieses Heft ist nicht einzeln erhältlich.

Sämtliche Kompositionen und Übersetzungen (mit Ausnahme der englischen Übersetzung des »Briefs an Hitler«) entstanden im Auftrag des Projekts *Picture of a voice*.

---

www.wallstein-verlag.de
Redaktion und Textanmerkungen: Ulrich Klan und Christoph Haacker, Wuppertal
Engeneering, Mastering: Jonathan Ranabus, becky records, Wuppertal
Satz, Herstellung: mcgraeff, Kriens
Druck Begleitbuch: biro-m, Ljubljana
Pressung und Druck CDs, Cover, Schuber: CSM Production, Wien
ISBN 978-3-8353-0405-5